安倍でもわかる政治思想入門

適菜収
Tekina Osamu

KKベストセラーズ

安倍でもわかる政治思想入門

ひとは、治療手段をえらんだと信じつつ、
憔悴をはやめるものをえらぶ。

——フリードリヒ・ヴィルヘルム・ニーチェ

はじめに　政治家の条件

政治とはなにか？
それは国を治めるということです。
権力を動かすということです。
権力の動かし方を間違えると、大変なことになります。
戦争になったり、国が貧乏になったり、社会が混乱する。
だから政治家の責任は重大です。
私は必ずしも政治家に歴史や経済、文化に関わる高度な知識が必要だとは思いません。
政治家には判断能力があればいい。
判断の基盤となるのは、常識です。それと人間を知ることです。
とくに議会主義を採用しているわが国においては、フェアな議論を行う

フリードリヒ・W・ニーチェ。哲学者。
近代大衆社会を痛烈に批判した。

ことができる人間が求められます。

もっと言えば、普通の人間であればいい。

きちんと挨拶ができる、人の話をきちんと聞く、お行儀よく食事をする。

それと、小中学校の社会科の授業で習う程度の知識があれば十分です。

でも、この程度のハードルさえクリアできない人たちがいる。

一九四五年七月二六日、アメリカ合衆国大統領、イギリス首相、中華民国主席の名において大日本帝国にポツダム宣言が突きつけられます。

八月六日にはアメリカ軍により広島に、八月九日には長崎に原子爆弾が投下される。

そして八月一五日、玉音放送により、日本の降伏が国民に公表されます。

義務教育で習う、一般常識です。

しかし、本文でも述べるように、「ポツダム宣言というのは、米国が原子爆弾を二発も落として日本に大変な惨状を与えた後、『どうだ』とばかり（に）たたきつけたものだ」などと語るような人間が政治家をやっている。

そして、不幸と間違いが重なれば総理大臣にまで上り詰めてしまう。

これは危険です。

二〇一〇年八月一九日、総理大臣の菅直人は「昨日事前に予習しましたら（防衛）大臣は自衛官ではないんだそうですね」「改めて法律を調べてみたら（総理大臣は）自衛隊に対する最高の指揮監督権を有すると規定されている」と発言。文民統制も自分が自衛隊の指揮権を持っていることも知らずに総理大臣をやっていたわけです。アメリカやロシアの大統領が、自分が軍隊のトップであることを知らなかったら、世界は一瞬でひっくり返る。

二〇一六年五月一六日、総理大臣の安倍晋三は、他党の議員を「勉強不足」と罵倒しながら、「私は立法府の長」と発言。

自分の権限を知らない人間が、わが国では権力を動かしている。

世界はすでにひっくり返っています。

本書の目的は、安倍個人をバカにしたり揶揄《やゆ》することではありません。たしかに安倍には基礎的な素養はないが、そこを指摘して溜飲を下げていても仕方がない。

病んでいるのは、ああいうものを増長させたわれわれの社会です。

本書では現在のわが国が抱える問題をあぶり出すために、安倍の発言を検証していく。

ドイツの哲学者フリードリヒ・ヴィルヘルム・ニーチェ（一八四四〜一九〇〇年）は言います。

「ただ私は個人を強力な拡大鏡として利用するだけだ。危機状況というものは広く行きわたっていてもこっそりしのび歩くのでなかなかつかまらない。ところが個人という拡大鏡を使うとこれがよく見えて来るのである」（『この人を見よ』）

「またこれと同じ意味において私はヴァーグナーを攻撃した。もっと正確に言うと、すれっからしの人を豊かな人と取り違え、もうろくした老いぼれを偉人と取り違えているドイツ『文化』の虚偽、その本能－雑種性を私は攻撃した」（同前）

安倍という個人を通して見えてくるものはなにか？

われわれはその「虚偽」を直視する責任がある。

適菜 収

安倍でもわかる政治思想入門

目次

第一章

安倍晋三の見識

第二章

安倍晋三の政治力 43

第二章

安倍晋三の歴史観

第四章

安倍晋三の憲法理解

第五章

安倍晋三の人間性

第六章

安倍晋三の経済政策 157

第一章

安倍晋三の見識

安倍でもわかる民主主義と議会主義のお話

現在、わが国で「民主主義」と呼ばれているものは、正確には「議会主義」です。

議会主義（間接民主主義）と民主主義は別物です。

選択原理が働く代議制は貴族政に分類されます。

要するに、単なる多数決原理ではなくて知性を介在させるわけですね。

議会では、熟議、合意形成、利害調整が重視されなければならない。

「民主主義は小国では可能だが、人口の多い大国には向いていない」「全員参加の政治は不可能だから、選挙による代議制を選択するしかない」という説明がよくあります。

でも、それは違います。

インターネットが進化した現在では、「全員参加の政治」は技術的に可能かもしれない。

ジャン＝ジャック・ルソー。人民主権を唱え、フランス革命に影響を与えた。

それをやらないのは、民主主義が根本的に間違っているからです。

民主主義の起源は、古代ギリシャの一部（アテネなど）で行われていた民主政です。そこでは民衆に市民権が与えられ、民会と呼ばれる議場に有権者が直接参加しました。また、民衆裁判所が設置され、くじで選出された陪審員が裁判を行った。

この民主政を全否定したのが当時の賢人でした。

ソクラテス（紀元前四六九頃〜紀元前三九九年）もプラトン（紀元前四二七〜紀元前三四七年）も、政治は賢者が行うべきだと説きました。

民衆支配が始まれば、世論を動かすデマゴーグが活躍します。

アテネの衆愚政治化は必然でした。

一方、「民主主義」が人類の歴史に登場するのは一八世紀のことです。

紀元前に発生した古代ギリシャの民主政が単なる政治制度だったのに対し、民主主義はキリスト教から派生したイデオロギーです。ジャン＝ジャック・ルソー（一七一二〜七八年）らに代表される近代啓蒙思想家は、自然権（人間が生まれつき持つ普遍的権利）なる概念をもとに人民主権を唱えます。自由、平等、人権といった諸価値は次々と神格化されていく。

それがフランス革命などの蛮行として現れたのは周知のとおりです。

フランス革命下においては、理性が神の位置に押し込まれた。

マクシミリアン・ロベスピエール（一七五八〜九四年）は、一七九四年六月八日、テュイルリー宮殿で「最高存在の祭典」を開きます。理性により社会を合理的に設計することを宣言したわけですね。ロベスピエールは「神が存在しないなら、発明する必要がある」と言いましたが、こうして理性は万能のものとして祭り上げられた。

その結果、発生したのは地獄です。

歴史家のモーゼス・フィンリー（一九一二〜八六年）も指摘するように、民主主義が危険なイデオロギーであることは西欧では常識でした。だから、しばらく前までは、民主主義はアナーキズムと同様、狂気のイデオロギーに分類されていたのです。

議会主義、および三権分立や二院制などの仕組みは、民主主義の負の側面を封じ込めるためのものです。哲学者のシャルル＝ルイ・ド・モンテスキュー（一六八九〜一七五五年）が制限選挙を説いたのも、民主主義の危険性を見抜いていたからです。

権力は暴走します。

だから権力は分散させなければならない。

一院制を唱えるような人間（たとえば安倍）は、文明社会の成員の資格を欠いていると言わざるを得ません。

イラク戦争について　二〇一五年五月二八日 国会答弁

累次にわたる言わば国連決議に違反をしたのは
イラクでありまして、
そして大量破壊兵器がないことを
証明できるチャンスがあるにもかかわらず
それを証明しなかったのはイラクであった
ということは申し上げておきたい。

いわゆる「悪魔の証明」問題ですね。

挙証責任は当然イラクにはありません。

「ない」ことは証明できないからです。

かつて小泉純一郎は同じことを国会で言い、世間の笑いモノになり、菅直人からさえたしなめられた。

アホにも限度があるが、自民党は今でもこの立場を崩していない。


安倍政権はイラク戦争に関し、米英の武力行使を支持した小泉の判断を「妥当」と判断(二〇一六年七月七日)。小泉の判断を事実上追認した二〇一二年の外務省報告も見直さない方針だという。

その理由として、「イラクは当時、大量破壊兵器を保有していない事実を証明しようとせず、査察受け入れを求める国連安全保障理事会決議にも違反した」だって。

アメリカの最終報告書は、大量破壊兵器は存在せず、具体的開発計画もなかったことを明らかにしている。元大統領のジョージ・W・ブッシュは「私の政権の期間中、最も遺憾だったのが、イラクの大量破壊兵器に関する情報活動の失敗だった」と認め、元国務長官のコリン・パウエルは「騙された」と述べている。

イギリスの独立調査委員会は、当時のトニー・ブレア政権(労働党)がサダム・フセイン(一

英米のイラク侵略に日本は加担。
中東情勢は泥沼化。

九三七〜二〇〇六年）の脅威を過剰に表現し、準備不足の英軍部隊を戦地に送り出し、戦後の計画は「まったく不十分だった」という見解を発表。ブレアも「開戦当時の情報分析は、結果的に誤っていた」と認めている。

ほとんど意味不明の暴走を続ける安倍政権。

挙げ句の果てには、イラク侵略を強硬に進めたドナルド・ラムズフェルド元国防長官やわが国に内政干渉を続けるリチャード・アーミテージ元国務副長官に旭日大綬章を叙勲した（二〇一五年一一月三日発表）。

ちなみに安倍は、甘利明内閣府特命担当大臣（経済財政政策）の企業献金問題について「ないことを証明するのは悪魔の証明だ。あると主張する側に立証責任はある」と述べている（二〇一六年二月二日）。

安全保障関連法について① 二〇一五年五月二〇日 党首討論

法案についての説明は全く正しいと思いますよ。私は総理大臣なんですから。

これは完全にイカレポンチ系ですね。

二〇一五年五月二〇日、党首討論で安全保障関連法案をめぐる論戦がスタート。民主党（二〇一六年三月二七日、民進党に改称）の岡田克也は、安倍が「米国の戦争に巻き込まれることは絶対にあり得ない」と発言したことを問題視。

一方、安倍は、国の存立が脅かされる明白な危険の発生など新三要件を満たさなければ「自動的に（自衛隊が）行くことはあり得ない」と反論。「わ

「この道しかない」。でも難しいことはよくわからない。

れわれは武力行使はしないし、後方支援活動でも戦闘現場になれば直ちに撤収していく。巻き込まれ論はあり得ない」と述べた。

岡田は、集団的自衛権を行使する場合、自衛隊の活動範囲が「相手国の領土、領空、領海に及ぶのは当然だ」と指摘。「アメリカが武力行使することによってそのはね返りが日本に来るのは当然考えられること」「日米同盟でアメリカの抑止力に期待する以上、その負の側面としてそういうこともあり得るということは当然」「それを総理は絶対ありませんとおっしゃるから、そういう断定的な、粗雑な物の言い方では国民の理解は深まらない」「総理の言われたこと、私、一つも納得できませんよ。お答えになっていませんよ。あるいは間違っていますよ」と言うと、安倍は「法案についての説明は全く正しいと思いますよ。私は総理大臣なんですから」と発言。

さすがに国会もどよめいた。

討論後、岡田は「聞いていないことを（安倍が）延々と答えており、国民にわかるはずもない」と述べていたが、それ以前の話。

「総理の説明が全く正しい」なら、討論も審議も必要ない。

核兵器の法律上の解釈について　二〇一五年八月七日 国会答弁

私は総理大臣としてあり得ないとこう言っているんですから。間違いありませんよ。

これも同様のイカレポンチ系。

二〇一五年八月七日、安倍は長崎市の原爆犠牲者慰霊平和祈念式典で非核三原則（核兵器をもたず、つくらず、もちこませず）に言及すると表明。国会では、八月六日の広島市の原爆死没者慰霊式・平和祈念式典で、歴代首相が毎年用いてきた「非核三原則を堅持する」という表現を使わなかったことが問題になっていた。

「この道を。力強く、前へ。」
自民党の迷走は続く。

野党は八月五日の安保関連法案の審議で防衛大臣の中谷元が「自衛隊による核兵器の輸送も法文上排除していない」と明言したことにも反発。

民主党の山井和則は「法律上、核兵器を自衛隊が他国の領土で輸送できるようにする。そんな危険な法律が許されるはずがないじゃないですか」と安倍を追及した。すると安倍は「法理上の話ではなくて、政策上あり得ないと言ってるじゃないですか」「政策上あり得ないということはそれは起こり得ないんですよ」と反論。

アホですね。

それなら政策を変えれば「起こり得る」ということになる。そもそも聞かれているのは「法律上」の話である。

最後に安倍はブチ切れ、「私は総理大臣としてあり得ないとこう言っているんですから。間違いありませんよ」と捨て台詞を残した。

ちなみに安倍は、二〇〇二年五月一三日、早稲田大学における講演で「憲法上は原子爆弾だって問題ではないですからね、憲法上は。小型であればですね」と発言している（『サンデー毎日』二〇〇二年六月二日号）。

武力行使の判断について 二〇一五年七月三日 国会答弁

明白な危険が「ない」をどう判断するかだ。

二〇一五年七月三日、集団的自衛権に関し、安倍は「日本の存立が脅かされ、国民の生命や権利が根底から覆される明白な危険」が「ない」と判断できない場合に、行使に踏み切る可能性に言及した。

これ、どこが変なのかわかりますよね。「ない」と判断できない場合に行使に踏み切るって、やりたい放題やるという宣言でしょう。「ない」ことなど判断できないのだから。

これは内閣が軽く吹っ飛ぶような問題発言だが、ほとんど報道されなかった。安保法案では、明白な危険がある「存立危機事態」に武力行使できるとされていたが、これをひっくり返してしまったわけですね。

2015年10月18日、神奈川の米軍基地に配備された原子力空母「ロナルド・レーガン」に乗艦。

味覚について　二〇一四年七月六日　シャインマスカットを試食後

ジューシーですね。

安倍の特徴は極度に語彙が少ないことである。

視察先やイベント会場で地方の特産品のフルーツを食べたときの感想は必ず「ジューシー」である。

これはネットやテレビ番組でも取り上げられていたが、桃を食べたときの感想は、「甘くてジューシーだ」。トマトを食べたときの感想は、「とてもおいしいですね、ジューシーで」。メロンを食べたときの感想は、「甘くてとてもジューシーだ」。種なしブドウ「シャインマスカット」を食べたときの感想は、「ジューシーですね。おいしい」。柿を食べたときの感想は「ジューシーで」。

味覚も表現も「お子さま」レベル。

二〇一五年二月二六日、三浦半島酪農組合連合会が官邸を訪れ、ブランド和牛「葉山牛」のローストビーフとビーフジャーキーを安倍に食べさせると、やはり「非常にジューシーだ」と発言。

二〇一五年一二月二三日、安倍はツイッターでこうつぶやいている。

「首相官邸の庭の柿は果たして甘ぃのか渋ぃのか。お皿の上の姿はジュウシーで美味しそうでした。見た目に惹かれて食べたところ、渋柿でした(T_T)」

この頃から、「ジューシー安倍」というあだ名が広まったという。

なお、おかず系の安倍の感想は、「ご飯が欲しくなる」である。

語彙が極度に少ないということは、世界の捉え方も表層的なのだろう。

日本語について　二〇一五年二月四日　国会答弁

日本人の命、すべからく、国の最高責任者である私にあります。

二〇一五年二月四日、安倍は国会で、中東の「イスラム国」が邦人二人を殺害したとみられる事件について、「日本人の命、すべからく、国の最高責任者である私にあります」と答弁。

え？

「すべからく」は漢字では「須く」と書く。「全く」ではない。

デジタル大辞泉には次のようにある。

《動詞「す」に推量の助動詞「べし」の付いた「すべし」のク語法から。漢文訓読による語》

国会答弁と日本語は少し苦手。

多くは下に「べし」を伴って、ある事をぜひともしなければならないという気持ちを表す。当然。「学生は須く学問を本分とすべきである」

要するに、本来の意味である「当然、ぜひとも」ではなく、「すべて、皆」という意味で誤用しているバカがいるという話。

かつて評論家の呉智英は、これは単なる誤用ではなく、自分の文章を高尚なものに見せようとする「卑しい考え」によるものだと指摘した。

ただ、安倍にそこまで「高尚」な下心があったとは考えづらい。単に学力崩壊の結果だろう。

日本は学歴社会だ、希望がない社会だといわれるが嘘である。日本語ができなくても総理大臣になれる。ここまで強烈なアメリカン・ドリームは日本にしかない。

日本の食文化について　二〇一三年 内閣広報室

盛り付け方や食べ方までひとつひとつの所作、全体としての調和を重んじる姿勢、お正月をはじめ、季節ごとの行事に合わせて家族や親類、仲間で集い、特別な食事を楽しむ習慣、こうした長い歴史の中で育まれ、受け継がれてきた慣習、食文化にはまさに私たち日本人の心が、すべて詰まっているとも言えます。

二〇一三年、「和食・日本の食文化」が、ユネスコの無形文化遺産として登録された。内閣広報室は動画を作り、世界に向けて和食の魅力を発信。

約五分の動画には、口を開けば「自国の文化を知ることが真の国際人につながる」「自国の文化や伝統に誇りを持て」「歴史や伝統の上に立って私たちの誇りを守っていくことも私の仕事だ」と言う安倍が登場。

「そして今回のユネスコの登録が世界の人々に和食という文化ひいては日本文化が一層理解され、愛されるきっかけになればこれほど嬉しいことはありません」と一通り語り終えると、誰もが目を疑う挙に出た。

「それではいただきます」と言うと同時に、目の前にあるご飯茶碗を左手で、箸《はし》を右手で同時に持ち上げ、さらに箸を宙で回転させ、最後は口からはみ出たご飯を箸で押し込んだ。

わずか三秒くらいの間に、最低でも四つのマナー違反を犯している。

ここまで汚らしく食事をする人間を初めて見た。田舎のチンピラでももう少しは常識をわきまえている。

おそらく精神の成長が小学校低学年くらいで止まってしまったのだろう。

そもそも安倍はきちんと箸を持つことができない。

犬食いをする人間はメンタリティーが犬。

家族から見放されていたのではないか。

親だけではなく、親身になってくれる先輩や上司、友人がいたら、「安倍君、箸の持ち方が変だよ」と指摘してくれたはずです。

つまり、真っ当な人間関係を築くことができなかった。

一事が万事。

これこそが安倍のわが国の伝統に対する姿勢を示している。

これは日本の食文化を海外に紹介する動画だ。世界に誤解を発信する動画を作った内閣広報室は、わが国に対する悪意でもあるのか。それとも「お山の大将」には何も言えなかったのか。

日本の芸能文化について　二〇一四年 秋元康との新春対談

普通ですとね、日本の伝統芸能を見せるんです。
いろいろな議論がありましたが、
やはり生でAKBを見るとビックリするんですね(笑)。
皆さん、目がくぎ付けになって。
相当なインパクトで、
「自分たちの国にはそんなのない」と。

「きみがだれとつきあっているか、言ってみよ。そしたら、きみがだれであるかを言ってやる」(ヨハン・ヴォルフガング・フォン・ゲーテ)
二〇一四年、新春対談と称して安倍と秋元康が対談を行っている。
「今年は、どのような年になる、またどのような年にしたいと考えますか」という司会者の質問に対し、安倍は「ウキウキ、ワクワクするような年」にしたいと答えている。

二〇一三年一二月のASEAN特別首脳会議の晩餐会で、AKB48とEXILEらが歌と踊りを披露したことについて、安倍は「自分たちの国にはそんなのがない」と驚かれたと発言。当たり前だ。

秋元のロリコン商法は、海外では児童ポルノ扱いされている。右も左もわからない少女を集め、不特定多数の男と手を握らせる。インターネットのチャリティオークションに使用済みのキャミソールを出したこともある。メンバーの胸を欧州系の少年に生で触らせている写真集を出そうとして、児童ポルノ禁止法違反容疑で警察が動いたこともあった。

米CNNは、秋元に対し「性的搾取に関与しているのか」と番組で追及。一三、四歳の児童に、性的な意味を含む歌を歌わせていると批判した。

ウキウキしている場合じゃないよね。

秋元康。放送作家。安倍とつながるキーワードは「女性の活用」。

ナショナリズムについて

二〇一三年九月二五日 ニューヨーク証券取引所

もはや国境や国籍にこだわる時代は過ぎ去りました。

左翼の安倍批判でよくわからないのが、「安倍はナショナリストだ」「安倍は国家主義者だ」といったもの。ナショナリストが「国境や国籍にこだわる時代は終わった」などと言うわけがないでしょう。

安倍はグローバリストであり、やっているのはシンプルな対米追従・売国路線。

「戦後レジームからの脱却」などと駄法螺《だぼら》を吹きながら、「戦後レジームの固定化」を進め、アメリカの要望どおりに国の形を作り変える。

安倍は著書『新しい国へ』でこう述べる。

「わたしたちは、国家を離れて無国籍には存在できないのだ」

米国のシンクタンク「大西洋評議会」は安倍に「地球市民賞」を授与。

「基礎的な単位が必要であり、その単位が国家であるのは自明だろう。にもかかわらず、その国家をバイパスするという感性が育まれた背景には、戦後日本が抱えてきた矛盾が大きく影響している」

まったくそのとおりだ。しかし、ウォール街の証券取引所に行けば、「もはや国境や国籍にこだわる時代は過ぎ去りました」と平気な顔で正反対の主張をする。

頭の中が完全に分裂しているか、ゴーストライターが適当に書いたのか、どちらかだろう。

安倍は自身のウェブサイトで「闘う保守政治家」などと自称しているが、国境や国籍にこだわらない「保守」とはなんなのか？

二〇一五年一二月一〇日、自民党系の超党派議連「日本の領土を守るために行動する議員連盟」が、安倍に会い「竹島・尖閣・北方領土など領土関係資料の保全と活用の充実に関する要請」を行った。

その前に「国境や国籍にこだわる時代は過ぎ去りましたってどういう意味？」と問いただせばよかったのに。

難民問題について　二〇一五年九月三〇日 国連総会後の記者会見

難民受け入れは人口問題として申し上げれば、われわれは移民を受け入れる前にやるべきことがある。

基本的に安倍は人の話を聞いていない。

二〇一五年九月三〇日、国連総会の一般討論演説後の記者会見で「日本がシリア難民を受け入れる可能性は?」と質問されると、安倍はなぜか人口問題を持ち出し、「それは女性や高齢者の活躍であり、出生率を上げていくにはまだまだ打つべき手がある」と答えた。

今の世相を漢字一字で表せば「屑」だろう。

難民と移民の区別がつかないのか、移民政策を誤魔化すことにしか注意が行っていないのか。

安倍を知る人に聞くと、安倍は自分が言いたいことだけを一方的にまくしたて、自分にとって都合がいいことにしか耳を貸さない。

他人とのコミュニケーションは不得意のようだ。

テレビ番組に出演しても、司会者と話がかみ合わず、激昂することが多い。選挙後の中継の際、イヤホンを勝手に外し、質問を一切受け付けずに自画自賛を続けたこともあった（二〇一四年一二月一四日）。

二〇〇六年一二月一二日、テレビ番組で「首相にとって今年の一文字は？」と質問されると、安倍は「今年は私にとっては、『変化』の年でしたね」と答えている。困った記者がもう一度「一文字にしたら？」と聞くと、「『責任』ですかね」。

やっぱり人の話は聞いていない。

待機児童問題について　二〇一六年三月一四日 国会答弁

菅官房長官の下で、時代の変化に対応した栄典の授与に関する有識者懇談会を開催しており、叙勲において、保育士や介護職員を積極的に評価していくことについても検討していきたい。

二〇一六年三月一四日、待機児童問題に注目が集まる中、新党改革の荒井広幸が保育士を叙勲により評価してはどうかと質問すると、安倍は「待機児童ゼロを必ず実現させていく」「菅官房長官の下で、時代の変化に対応した栄典の授与に関する有識者懇談会を開催しており、叙勲において、保育士や介護職員を積極的に評価していくことについても検討していきたい」

と答弁。叙勲？
　保育士の給料が低いことが問題なのに、なにを言っているのか意味不明。
　それ以前に、子供を保育園に預けて主婦が働きに出なくても豊かに暮らせる社会をつくるほうが先決だろう。しかし、安倍政権がやっていることは正反対。配偶者控除廃止をもくろみ、移民のメイドを入れ、伝統的な家族制度の解体を図ろうとしている。
　国会における過去の安倍発言を振り返っておく。
「子供は国の宝です。安心して結婚し、子供を産み育てることができる日本にしていかなければなりません。同時に、家族の素晴らしさや価値を再認識することも必要です」（二〇〇七年一月二六日）
「子供を慈しみながら両親が、また家族が育てていく、お互いに家族のきずなを大切にしていく、こういう家族の良さ、価値は私はやはり再認識をしていかなければならないと思います」（二〇〇七年二月一五日）
　いい加減にしろよ。

「活動的なバカより恐ろしいものはない」（ゲーテ）

第二章

安倍晋三の政治力

安倍でもわかる参議院と一院制のお話

参議院は「良識の府」と呼ばれています。衆議院が作った法律を「良識」によってチェックするのが、その役割です。でも、それがきちんと機能しているかは疑問です。良識のかけらもないような人物が参議院にはたくさんいます。

どうしてこんなことになってしまったのか？

現在の参議院のあり方がおかしいからです。おかしいなら、きちんとした形に直そうと考えるのが正常な人間です。しかし、「参議院は衆議院のカーボンコピーにすぎない」「ねじれ国会では改革が進まない」「政治にはスピードが必要だ」「両院を維持するのはコストがかかりすぎる」「上院にあたる参議院は前近代の産物だ」などと言って、参院の解体や一院制を唱える頭のおかしい人々がいます。

そもそもなぜ議会を二つに分ける必要があるのか？

民意を背景にした下院の暴走を防ぎ、十分な議論をする時間を確保するためです。

要するに、「政治のスピード」を弱める目的がある。

権力の集中は地獄を生み出す。これが人類が歴史から学んだことです。

議会に必要なのはスピードではなくて熟議と合意形成です。

議会が少数者の意見を尊重するのは、「利害の多様性」「別々の見解」が多いほど自由を保障することができるからです。

よって、上院と下院は異なるメカニズムで議員を選出する必要がある。

厳密に言えば、上院は「民選」ではなく、有徳有識の人間、エリートから選ばれるべきです。

こういうことを言うと「エリートが正しい判断をするとはかぎらない」とか「エリートの独裁を肯定するのか？」とか「戦前の貴族院はそんなに立派なものだったのか？」と脊髄反射的に騒ぎ出す奴が出てきます。

しかし、エリートとは知識が豊富であるということではなく、真っ当な価値判断ができるということです。金持ちではなくて、精神の貴族です。

参議院はチェック機関であり、予算案の先議権、内閣不信任案の決議は衆議院のみに認められている。条約の承認や内閣総理大臣の指名も衆議院が優先します。

独裁になるわけがない。

逆です。

参議院を形骸化させ、民主権力を暴走させるから全体主義が発生し独裁になるのです。

「保守主義」、さらにいえば「開かれた保守主義」がわたしの立場である。

安倍は著書『新しい国へ』で、自分は「アメリカでいわれる『リベラル』ではない。『保守主義』、さらにいえば『開かれた保守主義』がわたしの立場である」と述べている。

安倍は続ける。

「だからといってわたしは、ことさら大声で『保守主義』を叫ぶつもりはない。わたしにとって保守というのは、イデオロギーではなく、日本および日本人について考える姿勢のことだと思うからだ」

保守主義がイデオロギーでないのはそのとおりだが、説明自体は意味不明。

そもそも安倍は保守ですらない。

一院制や道州制の導入をもくろみ、首相公選制を唱える大阪のデマゴーグまで利用する。言論への介入。移民政策などの国柄の破壊。やっていることは使い古された全体主義の手法にすぎない。

「安倍晋三は保守本流ではなく、ムード右翼」と亀井静香が言っていた（二〇一五年六月一二日）が、私の言い方だと「トピック右翼」。

ＧＨＱとか北朝鮮とか、個別のトピックには異常にこだわるけど、全体的な歴史観、国家観が変。

この男が「保守」を自称するところに、現在のわが国の思想的混乱を見いだすことができる。

亀井静香。元警察官僚、運輸大臣、建設大官などを歴任。

移民政策について　二〇一四年四月四日 経済財政諮問会議及び経済財政諮問会議・産業競争力会議合同会議

移民政策と誤解されないように配慮しつつ、（中略）さらなる外国人材の活用の仕組みについても、検討を進めていただきたいと思います。その際、国家戦略特区の活用も含めて検討をしていただきたいと思います。

欧米では移民の増大により社会が荒廃し、移民排斥を訴える政党が躍進している。世界各国の指導者が移民政策の失敗を認める中、急激な移民政策を進めようとしているのが安倍政権である。

特区を利用したり、「移民と外国人労働者は違う！」などと言いながら、グレーゾーンを拡大し、「移民政策と誤解されないよう配慮しつつ」（二〇一四年四月四日）、押し通すというやり方だ。

EUの例を見ても、移民受け入れの拡大はなし崩し的に進んでいる。

基本的な流れだけ押さえておく。

二〇〇八年六月、自民党の「外国人材交流推進議員連盟」（会長・中川秀直）が、人口減少問題の解決策として今後五〇年間で一〇〇〇万人の移民を受け入れる提言をまとめた。そこには「移民庁」の設置や永住許可要件の大幅な緩和などが盛り込まれていた。

この議連は、安倍の政権復帰後に「自民党国際人材議員連盟」（会長・小池百合子）として復活。

移民受け入れ推進派は、「少子化により日本の人口減は避けられない」「このままでは日本は国際社会での競争力を失ってしまう」「だから移民を受け入れて合計特殊出生率を人口を維持できる二・〇七に回復させるべきだ」と言う。

バカですね。

「人口の維持」とは、移民が子供を産むことを前

小池百合子。ニュースキャスターを経て、政界へ転身。

提としている。

毎年二〇万人の移民を受け入れた場合、一〇〇年後には約五人に一人が移民系になる。言葉の壁や文化の摩擦が生じ、皇室への尊敬の念や国柄自体が変質していく。彼らの目的は、日本をシンガポールのような複合民族国家に変えていくということである。

後述するように、シンガポールは極めて不安定な国家である。狭い領土に単純な国家を築いているから成功しているように見えるだけで、日本のような大国に移民を入れても、摩擦を生むだけだ。

安倍と周辺の連中による国の破壊が進めば、時計の針を戻すことはできない。

三権分立について　二〇一六年五月一六日 国会答弁

議会の運営について少し勉強していただいたほうがいい。議会については、私は「立法府の長」。

二〇一六年五月一六日、安倍は国会で民進党の山尾志桜里を「勉強不足」と決めつけた上で、自分は「立法府の長」と発言。

翌一七日にも「立法府の私」と繰り返した。

つまり安倍は、自分の役職も権限も知らずに、総理大臣をやっていたわけだ。

念のため説明すれば、立法府の長は形式的には衆議院と参議院の議長であり、総理大臣は行政府

山尾志桜里。民進党政調会長。
検察官を経て、政界へ転身。

の長である。

この安倍の発言について、「言い間違い」だと自民党側は主張したが、過去（二〇〇七年五月一一日）にも同様の間違いをしており、行政（内閣）、立法（国会）、司法（裁判所）という三権分立を理解していないことは明らかだ。

小中学校で習う政治の基礎の基礎でしょう。

議会の運営について少し勉強していただいたほうがいい。

なお、山尾は安倍と議論した印象について次のように述べている。

「自分の庇護の下にある女性には紳士だけれど、自分の範疇を超えてくると、ものすごく不安になるんだなということがよくわかりました」「いざ対等になってくると不安になる。その不安がニヤニヤしたり、言い訳をひたすら続けたり、批判してかぶせてきたり、尋常じゃない対応になって表れるんだなと思いました」（『日刊ゲンダイＤＩＧＩＴＡＬ』二〇一六年三月二一日）

失言について　二〇一六年五月二三日 国会答弁

もしかしたら言い間違えていたかもしれない。基本的には行政府の長とお答えしている。

二〇一六年五月二三日、安倍は国会で「立法府の長」発言について「もしかしたら言い間違えていたかもしれない。基本的には行政府の長とお答えしている」と釈明。

「もしかしたら」ってなに？

「基本的には」ってなに？

基本的ではないケースは存在するのか？

さらに安倍の発言は議事録で「行政府の長」に修正されていた。

民進党の山尾志桜里は、「議事録を書き換えることは、歴史を改竄《かいざん》することだ」と批判。

また、「学校に忍び込んでテストの答案を書き換えるようなもの」と喩えた。

ホラ吹きがどれだけホラを吹いても記録自体が修正される。

昔、そんな小説を読んだことがある。

ジョージ・オーウェル（一九〇三〜五〇年）の『一九八四年』の主人公である役人ウィンストンの仕事は、歴史の改竄である。「党」にとって都合が悪い過去の事実を抹消し、新たに歴史を捏造する。そこでは、言葉の破壊活動が継続的に行われている。

「ニュースピーク」は、「党」が英語をもとに作成した架空の言語であり、その目的は「党」に反する思想を考えられないようにすることだ。

語彙の削減、意味の反転、略語の作成、イメージの置き換え……。たとえば強制収容所を「歓喜キャンプ」と言い換える。平和省は戦争を維持し、豊富省は国民から搾取し、真理省は歴史を改竄し、愛情省は尋問と拷問を行う。

もちろんこれらは全体主義国家のパロディである。フランス革命後の政治状況においては、自由の名の下に自由の抑圧が、社会正義と人権の名の下に大量殺戮が行われた。ナチスやソ連の独裁体制下においても、戦略的に言葉の言い換えが行われている。

ジョージ・オーウェル。イギリスの作家、ジャーナリスト。

わが国でも、移民は「外国人材」、家族制度の破壊は「女性の活用」、惨禍を招くグローバリズムは「積極的平和主義」、秩序破壊のための実験は「国家戦略特区」、不平等条約ＴＰＰは「国家百年の計」、南スーダンの戦闘は「衝突」といった言葉で誤魔化されているが、事実そのものが抹消・捏造されるなら、やがて歴史の解釈すら不可能になる。近い将来、わが国から「失言」は消滅するのかもしれない。

安倍に読んで
聞かせたい
政治思想の名著

『一九八四年』
ジョージ・オーウェル著
ハヤカワepi文庫
全体主義国家によって統治された近未来世界の恐怖を描いたディストピア小説。

世界経済について　二〇一六年五月二六日 G7伊勢志摩サミット後の記者会見

今回のサミットで、世界経済は大きなリスクに直面しているという認識については一致することができた。

二〇一六年五月二六、二七日、第四二回先進国首脳会議（G7伊勢志摩サミット）が三重県で行われた。このサミットで安倍は、世界の経済状況が二〇〇八年のリーマン・ショック直前と似ていると繰り返し、終了後の記者会見では「今回のサミットで、世界経済は大きなリスクに直面しているという認識については一致することができた」と自画自賛した。

これに対し、ドイツ首相のアンゲラ・メルケルは「世界経済は、そこそこ安定した成長を維持している」、イギリス首相のデイヴィッド・キャメロンは「危機、クライシスとまで言うのはいかがなものか」と反論。フランスの「ル・モンド」紙は「安倍晋三の無根拠なお騒がせ発言がＧ７を仰天させた」と切り捨てた。イギリスの「テレグラフ」紙は「英国は日本経済で失敗した安倍総理のアドバイスに耳を傾ける価値なし」とすでに報じていた。
世界中で失笑を買った安倍発言だが、そもそもこれ、風説の流布じゃないの？
その後、安倍は「リーマン・ショック前とは言っていない」などと言い出した。夢でも見ているのだろうか。
安倍の兄貴分の亀井静香は言う。
「安倍晋三は弟のように可愛がってきた男です。時々、携帯電話で注意するんですが、本人はわかっているんです。けれどもいまは夢の中にいる」（『安倍「壊憲」政権に異議あり』）
「安倍は右バネでは総理になれないと思っていたら、なってしまった。安倍を総理にすることに一生懸命になったのは、私の子飼いの連中ばかりで、いい奴だし能力もある者たちですが、彼らには経済政策、財政政策、外交政策をきちっとやらせる力はない。だから安倍が総理になって、真空地帯ができてしまった」（同前）
安倍の存在自体が「大きなリスク」なのである。

アンゲラ・メルケル。ドイツ首相。
ドイツキリスト教民主同盟党首。

一院制について　二〇一一年二月八日　テレビ番組にて

有権者は議会も行政も非生産的だと思っている。衆院と参院を一緒にして一院制にすべきだ。

安倍は改憲により一院制の導入をもくろんでいる。二〇一一年二月八日、安倍はテレビ番組で一院制について「憲法は改正しないといけないが、そういう大枠について思い切ったことをやっていくということを示す必要がある」と述べた。

安倍の正体を示す貴重な発言である。

「人間理性に懐疑的である」のが保守である。人間の判断は万能ではない。だから、慎重にものごとを決める仕組みが必要になる。

モンテスキューもジョン・アクトン（一八三四〜一九〇二年）もエドマンド・バーク（一七二九〜九七年）も、一院制が地獄への最短の道であることを指摘した。

権力は必ず暴走する。だから、それを制御するシステムが必要になる。

それが議会主義であり、二院制であり、三権分立である。

モンテスキューは言う。

「権力をもつ者はすべて、それを濫用する傾向があることは、永遠の体験である。彼は限界を見いだすところまで進む。だれが知ろう、徳性さえもが限界を必要とするのだ。人が権力を濫用しえないためには、事物の配列によって、権力が権力を阻止するのでなければならぬ」（『法の精神』）

ついでにバークの言葉も引用しておく。

「人間の本性はこみいっているし、社会のものごとは、可能なかぎり最大の複雑さをもっている。だから、権力の単純な配置や方向づけは、どんなものでも、人間の本質にも人間の関係することがらの性質にも適合しえない。あるあたらしい政治制度において、装置の単純さがめざされ、ほこられるのをきくとき、私はただちに、その製作者たちが、自分のしごとについてまったく無知であるか、自分の義務についてまったく怠慢であるのだときめてしまう。単純な政府は、いくらよくいうとしても、根本的に欠陥がある」（『フランス革命についての省察ほか』）。

ジョン・アクトン。イギリスの歴史家、思想家、政治家。

経済政策について① 二〇一四年一月二二日 ダボス会議の冒頭演説

そのとき社会はあたかもリセット・ボタンを押したようになって、日本の景色は一変するでしょう。

二〇一四年一月二二日、世界経済フォーラム年次会議（ダボス会議）冒頭演説で安倍は、徹底的に日本の権益を破壊すると宣言。電力市場の完全自由化、医療の産業化、コメの減反の廃止、法人税率の引き下げ、雇用市場の改革、外国人労働者の受け入れ、会社法の改正などを並べ立て、「そのとき社会はあたかもリセット・ボタンを押したようになって、日本の景色は一変するでしょう」と発言。日本に対する投資を訴えた。

「グレート・リセット」などと言っていた大阪の詐欺師もいたが、安倍も同類のファミコン脳。

精神が幼すぎる。

国家や社会は非常に脆いもの。細心の注意を払ってそれを運営するという極めて危険な綱渡りのような作業を引き受けるのが政治の役割でしょう。

それをリセットしてどうするのか？

バークは言う。

「かれらにとって、ものごとの古いしくみをこわすことは、それが古いものだというだけでじゅうぶんな理由をもつのである。新しいものについては、いそいでたてた建物の永続性にかんして、かれらはなんのおそれももたない」（『フランス革命についての省察ほか』）

「あなたがたの政治家たちが、勇敢大胆な才能のしるしと考えるものは、能力のなげかわしい欠如の証拠にすぎない。かれらは、自分たちの乱暴な性急さと、自然の過程の無視によって、すべての山師と投機家に、すべての錬金術師とやぶ医者に、盲目的にゆずりわたされてしまった」（同前）

結局、戦後日本の平和ボケ、思想の劣化、革命幻想、幼稚な破壊願望、政治の崩壊の成れの果てに発生したのが安倍政権なんですね。

エドマンド・バーク。イギリスの政治思想家。「保守主義の父」として知られる。

安倍は中学生になっても、夜、乳母に起こしてもらい、おしっこに行っていた。そして自分の部屋に寝かしつけられると、乳母の部屋に行き、乳母の布団にもぐりこんでいた（『安倍晋三 沈黙の仮面』）。

結局、世の中のことがなにもわからないまま大人になってしまったのだろう。

安倍に読んで
聞かせたい
政治思想の名著

『フランス革命についての省察ほか』
エドマンド・バーク著
中公クラシックス
フランス革命初期の段階で、その末路を見通したバークによる保守思想の名著。

安全保障関連法について② 二〇一四年五月一五日 記者会見

再び〝戦争をする国〟になることは断じてあり得ない。

二〇一四年五月一五日、私的諮問機関である「安全保障の法的基盤の再構築に関する懇談会」（安保法制懇）が提出した報告書を受けて、安倍は記者会見で、日本人が攻撃を受けていなければ、日本人が乗っている米国の船を自衛隊は守ることができないなどと説明。また、北朝鮮のミサイル問題、テロやサイバー攻撃を例に挙げ、「もはやどの国も、一国のみで平和を守ることはできない。これは世界の共通認識であります」と主張した。

意味がわからないのが次の発言。

「こうした検討については、〝日本が再び戦争をする国になる〟といった誤解があります。しかし、そんなことは断じて

ここまで来てまだ気付かないのが、
安倍を支持するB層。

あり得ない。日本国憲法が掲げる〝平和主義〟はこれからも守り抜いていきます」

じゃあなんのために法案を通す必要があるのか。

もちろん、「戦争をする」ためである。

それ以前に、平和主義を守り抜くことと、戦争をするかどうかは関係がない。

ちなみに、安保法制懇のメンバーで、安倍の外交政策ブレーンの岡崎久彦（一九三〇～二〇一四年）は、テレビ番組に出演し、集団的自衛権の行使容認により「自衛隊は戦争する軍隊になりますよ」と発言（二〇一四年五月一九日）。

「お友達」に見事にはしごを外された。

安全保障関連法について③　二〇一五年九月二〇日「産経新聞」

「徴兵制」「戦争に巻き込まれる」といった批判もあるが……デマゴーグ(扇動)だということを国民に説明していきたい。

二〇一五年七月三〇日、安全保障関連法に関する議論が続く中、安倍は国会で「徴兵制が敷かれることは断じてないと明快に申し上げておきたい」「徴兵制の導入は全くあり得ない。今後も合憲になる余地は全くない」「政権が代わっても導入はあり得ない」と発言。八月二五日の国会では「徴兵制、徴兵制とはやす人々は国際的常識に全く無知と言わざるを得ない」と述べた。

関連法成立後は、産経新聞（二〇一五年九月二〇日）のインタビューで「『徴兵制』『戦争に巻き込まれる』といった批判もあるが……デマゴーグ（扇動）だということを国民に説明していきたい」と答えている。

「政権が代わっても導入はあり得ない」という根拠のない自信はどこから来るのか？　ちなみに、次期自民党総裁を狙う石破茂は、国会で次のように述べている（二〇〇二年五月二三日）。

「徴兵制をとるかとらないかはその国の政策判断だと私は思っています」

「日本の国において、徴兵制は憲法違反だと言ってはばからない人がいますが、そんな議論は世界中どこにもないのだろうと私は思っています」

「徴兵制が憲法違反であるということには、私は、意に反した奴隷的な苦役だとは思いませんので、そのような議論にはどうしても賛成しかねるというふうに思っております」

石破発言と同じ日に安倍は「われわれの人権、自由、民主主義を守るのは、そしてわれわれの歴史と伝統を守るのは、これは最終的には国家であるということでございまして、その国家自体の危機が迫るときにあっては、これはやはり国民の皆さまにも協力をしていただかなければならない」と発言している。デマゴーグはどちらなのか？

石破茂。防衛大臣、自民党幹事長などを歴任。

自衛隊について　二〇一五年三月二〇日 国会答弁

わが軍の透明性を上げていくことにおいては、大きな成果を上げている。

二〇一五年三月二〇日、安倍は国会で「わが軍の透明性を上げていくことにおいては、大きな成果を上げている」と発言。

民主党の細野豪志は「これまで自衛隊という形で、憲法の枠組みの中で積み上げた議論を、全部ひっくり返すような話を総理がおっしゃるということについては、非常に理解に苦しむ」と批判。

安倍は、「共同訓練の相手である他国軍と対比するイメージで自衛隊を『わが軍』と述べたわけで、それ以上でもそれ以下でもない」「言葉じりを取り上げて議論をする意味はあまりない」と反論した。

この安倍発言について、「外国から見れば自衛隊は間違いなく軍隊」と擁護するネトウヨが散見されたが、アホにも限度がある。

そもそも自衛隊が軍隊として扱われないケースが想定されるから、改憲が必要だったのではないか。

二〇一二年一一月二五日、安倍は政権公約に掲げた「国防軍」設置に関し、その理由として、ジュネーブ条約の捕虜の扱いの問題を挙げた。

それ自体は正しい。自衛隊は軍ではないので、捕虜待遇条約が適用されない可能性がある。

要するに、「外国から見れば自衛隊は軍隊ではない」のだ。

他国軍と対比するイメージ？

頭の中がこんがらがっているのですね。

軍艦や戦闘機がなんとなく
お気に入り。

安全保障関連法について④　二〇一五年八月二一日 国会答弁

まあいいじゃん、そんなこと。

二〇一五年八月二一日、民主党の蓮舫が他国軍を後方支援できる「重要影響事態」がどのようなケースになるのか質問。防衛相の中谷元が武力行使の一体化に関する大森政輔元内閣法制局長官の「大森四原則」と、周辺事態を例示した野呂田芳成元防衛庁長官の「野呂田六類型」を混同して答弁したため、蓮舫がそれを指摘すると、安倍は「まあいいじゃん、そんなこと」とヤジを飛ばした。

蓮舫が「どうでもいいとはどういうことか」と反発すると、安倍は「私は『どうでもいい』などと言ったわけではない」と逆ギレ。

鴻池祥肇委員長（自民党）が安倍に対し、自席で

蓮舫。元タレント。民進党代表（第二代）。二重国籍問題で話題に。

の発言は控えるよう注意すると、安倍は「いずれにしましても発言を撤回する」。言っていないのなら、なぜ撤回するのか。

この手の話は山ほどある。

二〇一六年一〇月三日、民進党の長妻昭が、自民党の憲法改正草案について基本的人権を規定した憲法九七条が削除されている点を指摘し「自民党の責任者として、なぜこういう草案を出したのか」と質問した。

すると安倍は長妻を指さし「大変な事実誤認がある。谷垣禎一総裁の時に世に出した。（国民に）誤解をされる」と反論。

長妻が「谷垣総裁の時に作ったものだから、僕ちゃん知らないよというふうに聞こえた」と批判すると、安倍は激昂。

「谷垣総裁の時に作ったものだから僕ちゃん知らない、と一言でも言いました？　まったく言っていないのに言ったように言うのはデマゴーグの典型例だ」

要するに、幼児のケンカ。「というふうに聞こえた」と長妻が言っているのに、「まったく言っていないのに言ったように言うのはデマゴーグの典型例だ」と騒ぎ立てる。人の話を聞いていないのか、頭が悪いのか。

安全保障関連法について⑤　二〇一五年九月一四日　国会答弁

法案が成立し、時が経ていく中で間違いなく理解は広がっていく。

二〇一五年九月一四日、国会で安倍は、各種の世論調査で安保関連法案への反対が多数を占めることについて「残念ながら、まだ支持が広がっていないのは事実だ」とした上で、「法案が成立し、時が経ていく中で間違いなく理解は広がっていく」と発言。

その後、安倍政権は強行採決に踏み切ったが、「成立後に国民は理解」という部分だけは正しい。

バカは気づくのが一周遅い。

安倍は改憲が難しいから九六条をいじると言い出し、私的諮問機関の判断をもとに閣議決定を行い、法制局長官の首をすげ替え、しまいにはアメリカで勝手に約束（二〇一五年四月三〇日）してきた。

連中がやっていることは、護憲も改憲も関係なくて、国を運営する手続きの破壊。

本来なら、保守や改憲派が批判しなければならないはずだが、いわゆる「保守論壇」は総崩れ。集団的自衛権の行使が必要かどうかという話と、それを現行憲法に照らし合わせて合憲といえるかどうかはまったく別の話なのに、それをごっちゃにして発狂している自称保守も散見された。

産経新聞（二〇一四年三月二三日）は、「憲法改正による集団的自衛権の行使容認には、さらに膨大な時間がかかる。その間も日本を取り巻く安全保障環境が悪化していくことは容易に想像できる。憲法解釈の見直しによる行使容認は次善の策には違いないが、急ぐ必要があるのだから仕方ない」などと書いていた。急ぐ必要があればなんでもできるなら、法治国家ですらない。

安倍曰く「我が党においては結党以来、強行採決をしようと考えたことはない」（2016年10月17日）

Column

結局、安倍政権は何をやったのか

活動的なバカ

民主党政権の三年間もたいがいだったが、安倍政権はそれに輪をかけてデタラメでしたね。経済に疎い人は「安倍政権は経済がいい」と言い、外交に疎い人は「安倍政権は外交がいい」と言い、内政に疎い人は「安倍政権は内政がいい」と擁護してきたものの、安倍が暴走を始めると自称保守やネトウヨは、「民主党よりマシ」「他に誰がいるのか」「対案を示せ」などと言い出すようになった。

では本当に民主党よりマシなのか？

安倍政権がやってきたことは、民主党の売国路線となにも変わらない。憲法の恣意的な解釈、デフレ下の増税、ＴＰＰ、移民政策、農協や家族制度の解体といった愚策中の愚策、民主党の一番ダメな部分、うす汚い部分を引き継ぎ、それを急進的に進めているだけ。そういう意味では、政策実行能力のない民主党のほうがまだマシだった。

ゲーテも言うように、活動的なバカほどタチの悪いものはない。拉致問題や慰安婦問題をこじらせ、やったのはデタラメな安保法制くらい。

日韓合意で一〇億円を韓国に流した件では一部の自称保守がギャーギャー騒いでいたが、その前に安倍の本性を見抜けなかった己の不明を恥じるべきだ。反省しない猿だから、同じようなパチモンに何度も騙される。気づくのが遅いというか、過去二〇年この繰り返し。壊国に加担したという自覚もないのでしょう。

念のため言っておきますが、私は「日本軍による強制連行はなかった」などと見てきたようなことを言いたいわけではない。慰安婦として働かざるを得なかったという意味では広義の強制性はあったし、記録に残っていないだけで実際に強制連行はあったかもしれない。しかし、後世の人間の政治的判断により「不可逆的」な決定を行うのは、政治の越権であり、歴史に対する冒瀆以外のなにものでもない。

結局、安倍政権がやったことは、戦後レジームの固定化です。河野談話、村山談話を踏襲し、決着済みの日韓合意を蒸し返し、アメリカの要望どおりに国の形を変えていく。

歴代総理の中でも圧倒的に出来が悪い。国家観も歴史観も憲法観もすべてが変。

わが国には「保守系論壇誌」でモノを書いている「保守系論壇人」という連中がい

るそうですが、普段「愛国」とか言っておきながら、この国難に際してなにかまとも
なことを言ったのでしょうか？
安倍に功績があるとしたら、こうしたいかがわしい連中の正体を明らかにしたこと
かもしれません。

改憲はきちんとした政府で

私は改憲派ですが、安倍による改憲だけは絶対に阻止しなければならない。国が崩壊するからです。安倍は憲法を改正して一院制や道州制の導入を目指すという。また、首相公選制を唱える「維新の会」ともつながっている。政治の腐敗もここまでくると言葉を失いますね。一院制を唱える人間を支持する「保守」って、「健康な病人」レベルの語義矛盾でしょう。

二〇一五年一一月の大阪W選で維新の会が二勝したとき、首相官邸からは歓迎の声が上がった。同志の背中に矢を放つ外道。卑怯、卑劣、人間のクズですね。党内から反発の声は出ないのかと思っていたら、こんな記事を見かけた。ほぼ同時期に朝日新聞が自民党の党員、党友を対象に意識調査を行ったところ、歴代総裁の中でももっとも

評価されたのは安倍だったと。保守的な側面もあったかつての自民党と急進的改革を唱える今の自民党はまったく別ものです。自浄作用も期待できない。安倍自民に幻想を持つのは、愚鈍という犯罪行為です。

改憲にしても、どこをどう変えるかが重要であり、「改憲すればすべてよし」というのは「改憲すれば戦争が始まる」という左翼の思考停止と同じです。

安倍が改憲するくらいなら、未来永劫、今の憲法のままでいい。改憲派も護憲派も右翼も左翼も保守も革新も、日本人なら今は護憲にまわるべきです。改憲はきちんとした政府ができてからでいい。

野党や左翼にも問題があります。

安倍に対し本質的な批判ができないまま、粛々とおかしな法案が通っている。既成左翼による安倍批判が効力を持たない理由は簡単で、左翼はもともと近代主義者ですが、この二〇年、急進的な近代主義革命が政権中枢において発生しているからです。要するに同類。よって、安倍の暴走を阻止するためには、野党や左翼は本質的な部分で自分の立ち位置、世界観を見つめ直す必要がある。それができなければ表層的なところで政治的対立が偽装され、国は破壊される一方だ。

安倍政権を本気で駆逐するつもりがあるなら、自民党に愛想をつかした保守層、共産党支持層も含めて、暫定的にでも選挙協力を行う必要がある。

「国境なき記者団」により発表された「世界報道の自由度インデックス」によれば、二〇一〇年には、日本は世界一八〇カ国中一一位だったが、二〇一四年には五九位、二〇一五年には六一位、二〇一六年には七二位になっている。戦争もなく、殺害されたジャーナリストもいないのに、毎年ランクが下がっている。官邸はメディアのトップと蜜月の関係を築き、都合の悪い報道には圧力をかける。翼賛報道を続ける全国紙。北朝鮮みたいな国になってきましたね。

政治からもっとも遠ざけなければならないものが、現在、政権中枢にもぐり込んでいる。

安倍は二〇一五年の施政方針演説で「改革」を計三六回、二〇一六年の施政方針演説で「挑戦」を計二一回連呼した。

いま必要なのは、改革でも挑戦でも「新しい国」をつくることでもない。真っ当な保守政治、成熟した議会政治を取り戻すことです。祖国をアホから守ることです。

第二章

安倍晋三の歴史観

安倍でもわかる保守主義のお話

保守とは何か。

ひとことで言えば、「人間理性に懐疑的である」のが保守です。

抽象的なものを警戒し、現実に立脚する。人間は合理的に動かないし、社会は矛盾を抱えていて当然だという前提から出発する。

逆に言えば「人間理性を信仰する」のが左翼です。これを一つ下のレベルの話に落とすと、近代啓蒙思想をそのまま現実社会に組み込むことに否定的なのが保守となる。なぜなら、近代啓蒙思想は理性の拡大の延長線上に理想社会を見いだすという発想の下にあるからです。要するに、進歩思想ですね。そこで保守の批判の対象になるのは急進的な平等主義と自由主義です。

たとえば「伝統の擁護」といった保守の性質も、「理性に対する懐疑」ということで

マイケル・オークショット。イギリスの政治哲学者。

説明できる。非合理的に見える伝統や慣習を理性により裁断することを警戒するわけです。保守が宗教を重視するのも理性の暴走を防ぐためです。

中間共同体を重視するのは、近代イデオロギーの暴走を抑える緩衝材を必要とするからですね。よって、保守は漸進主義になる。つまり、ゆっくりと慎重に改革を進める。改革というより改善です。保守は、左翼のように平等や人権を普遍的価値とは捉えません。あらゆる価値は、個別の現実、歴史に付随するものであるからです。

保守にとっては、「自由」でさえ、絶対の価値を持つものではない。

ついでに言えば、反米、親米、嫌中、嫌韓、改憲派、軍国主義、復古、国家主義といったものは、保守の定義とはなんの関係もない。それらはそれぞれの個人の要素の一つです。納豆が好きか嫌いかは保守であることと関係ない。それと同じ。

そこが曖昧になっているので、わが国では保守の対極にあるような人たちが「保守」を名乗っているのでしょう。「保守系」と呼ばれる新聞や雑誌で書いている連中でも、真の保守は一割もいないのではないか。

政治哲学者のマイケル・オークショット（一九〇一～九〇年）が言うように、保守的性向は人間のあらゆる活動に対し、適合的である。そして安倍にもっとも欠けているのが、この保守的性向なのです。

ポツダム宣言について　『Voice』二〇〇五年七月号

ポツダム宣言というのは、米国が原子爆弾を二発も落として日本に大変な惨状を与えた後、「どうだ」とばかり(に)たたきつけたものだ。

二〇一六年五月二七日、バラク・オバマは現職のアメリカ大統領として初めて被爆地の広島を訪問。日本政府はアメリカ側に謝罪を求めなかった。オバマは「核なき世界」を訴えてノーベル平和賞を受賞したが、もちろん核の削減など進んでおらず、アメリカは新型核爆弾を鋭意開発中。

原爆投下は人類史上最悪のジェノサイドであり、明らかな戦争犯罪である。敗戦国を「人道に対する罪」という事後法で裁きながら、連合国の明確な犯罪は問題にならない。「人道に対する罪」が成立するなら真っ先に裁判にかけなければならないのはアメリカである。でも、戦勝国だからそのあたりは適当に流して、敗戦国にはいろいろ条件を飲ませたのが「戦後レジーム」だ。

で、「戦後レジームからの脱却」などと言っていた男が、ポツダム宣言を理解していなかったことが判明。

「はじめに」でも述べたが、ポツダム宣言は一九四五年七月二六日。原爆投下は八月六日と九日。政治家としての資質がどうこう以前の問題で、中学生レベルの基本的な歴史の知識がすっぽり抜け落ちている人なんだよね。歴史に対する無知と謙虚さの欠如は、そのまま政治的判断につながっている。

安倍が述べるように「なんといっても、喫緊の課題は学力の向上である」（『新しい国へ』）。

バラク・オバマ。第44代アメリカ大統領。

歴史認識について① 二〇一五年五月二〇日 国会答弁

私はまだ(ポツダム宣言の)その部分をつまびらかに読んでおりませんので、承知はしておりませんから今ここでただちにそれに対して論評することは差し控えたいと思います。

二〇一五年五月二〇日、共産党委員長の志位和夫が「過去の戦争は間違っていたという認識があるか」と質問すると、安倍は正面から答えず、はぐらかし続けた。

「このポツダム宣言を我々は受諾をし、そして敗戦となったわけです。そして今私もつまびらかに承知をしているわけではございませんが、ポツダム宣言の中にあった連合国の理解、例えば日本が世界征服を企んでいたということ等を今ご紹介になられました」

「私はまだその部分をつまびらかに読んでおりませんので、承知はしておりませんから今ここでただちにそれに対して論評することは差し控えたいと思いますが、いずれにせよですね、まさに先の大戦の痛切な反省によって今日の歩みがあるわけでありまして、我々はそのことは忘れてはならないと思います」

志位は「私が聞いたのは、ポツダム宣言の認識を認めるのか認めないのかです。はっきりお答えください」と食い下がったが、安倍は最後まで関係ない話を続けた。

総理としての資質以前に、六〇代の♂として、相当ダメでしょう。

せめて、中学校で習う基本文献くらいつまびらかに読んだ後に、改憲を唱えるべきだ。

二〇一五年六月二日、政府は閣議で、「首相はポツダム宣言を当然読んでいる」とする答弁書を決定した。こうやって後から歴史を修正するわけですね。

失言を繰り返しても、後から修正すればOK。

小さなころから、祖父が「保守反動の権化」だとか「政界の黒幕」とか呼ばれていたのを知っていたし、「お前のじいさんは、A級戦犯の容疑者じゃないか」といわれることもあったので、その反発から、「保守」という言葉に、逆に親近感をおぼえたのかもしれない。

安倍の「保守観」を示す発言である。
ご存じのとおり、安倍の祖父・岸信介（一八九六〜一九八七年）は、満州国総務庁次長、商工大臣など要職を歴任。戦後は総理大臣になり、六〇年安保では批判の矢面に立った。

でもそんな私的な反発で「保守」に親近感をおぼえられても困るよね。
安倍の大学時代の恩師はこう話していた。
「安倍くんは保守主義を主張している。それはそれでいい。ただ、思想史でも勉強してから言うならまだいいが、大学時代、そんな勉強はしていなかった。ましてや経済、財政、金融などは最初から受け付けなかった。卒業論文も枚数が極端に少なかったと記憶している」「安倍くんには政治家としての地位が上がれば、もっと幅広い知識や思想を磨いて、反対派の意見を聞き、議論を戦わせて軌道修正すべきところは修正するという柔軟性を持って欲しいと願っている」（『安倍晋三 沈黙の仮面』）
安倍は言う。
「わたしが政治家を志したのは、ほかでもない、わたしがこうありたいと願う国をつくるためにこの道を選んだのだ」（『新しい国へ』）
とりあえずオークショットの言葉を貼っておけば十分だろう。
「統治者の職務とは、単に、規則を維持するだけのことなのである」（『政治における合理主義』）

岸信介。元総理大臣。安倍の祖父。
「昭和の妖怪」と呼ばれた。

「この性向（保守的性向）の人の理解によれば、統治者の仕事とは、情念に火をつけ、そしてそれが糧とすべき物を新たに与えてやるということではなく、既にあまりにも情熱的になっている人々が行う諸活動の中に、節度を保つという要素を投入することなのであり、抑制し、収縮させ、静めること、そして折り合わせることである。それは、欲求の火を焚くことではなく、その火を消すことである」（同前）

安倍は「保守」でもなんでもない。

安倍に読んで聞かせたい
政治思想の名著

『政治における合理主義』
マイケル・オークショット著
勁草書房
保守主義者オークショットによる論文集。実践知を重視し、合理主義を批判する。

歴史認識について② 『文藝春秋』二〇一〇年一二月号

日露戦争の結果を受け、五年後に日韓併合となった。百年にあたる今年、政府は総理談話を閣議決定し、その歴史認識を示した。歴史認識を政治が決めることは愚かなことだ。

安倍は村山談話について「『村山談話』を歴史認識だと教えるのは大間違い。（第一次政権で）できれば、歴史認識に立ち入らない『安倍談話』を出したかった」（『ＷｉＬＬ』二〇〇九年二月号）、「村山さんの個人的な歴史観に日本がいつまでも縛られることはない」（『正論』二〇〇九年二月号）と述べていた。

また、日韓併合条約発効一〇〇年に関する菅直人首相談話を批判。「歴史認識を政治が決めることは愚かなことだ」（『文藝春秋』二〇一〇年一二月号）としたが、閣議決定により歴史認識を示してきたのは、安倍である。

二〇一五年一月五日、安倍は、伊勢神宮参拝後の記者会見で、「安倍内閣としては、村山談話を含め、歴史認識に関する歴代内閣の立場を全体として引き継いでいます。そしてまた、引き継いでまいります」と発言。

二〇一五年八月一四日には、閣議決定に基づき安倍内閣総理大臣談話（戦後七〇年談話）を発表。村山談話や小泉談話のキーワードとされていた「植民地支配」「侵略」「痛切な反省」「おわび」などを盛り込み、安倍は「歴代内閣の立場は、今後も、揺るぎないものであります」と表明した。

散々威勢のいいことを言いながら、それまで安倍が「愚かなこと」と言ってきたことを踏襲したわけだ。

村山富市。元総理大臣。元社会民主党党首。

「子孫の代に不名誉を背負わせるわけにはいかない」（二〇一二年九月一四日）などと散々批判していた河野談話に関しては、「この談話は官房長官の談話ではあるが、安倍内閣でそれを見直すことは考えていない」（二〇一四年三月一四日）、オバマとの共同記者会見では「河野談話は継承し、見直す考えはありません」（二〇一五年四月二八日）と述べている。

二〇一六年八月三一日、安倍政権は、韓国政府が元慰安婦を支援するために設立した「和解・癒やし財団」に一〇億円を拠出。

日本側は一九六五年の日韓請求権協定を踏まえ「賠償金」と受け取られないようにしたいとの意向を示していたが、そんな話が通用するはずもない。財団の金兌玄理事長は即座に「日本側が拠出する一〇億円は実質的には賠償の性格を持つものだ」との認識を示した。ソウルの日本大使館前に設置されている慰安婦を象徴する少女像の移転についても、放置されたままだ。

こうなることは二〇一五年一二月二八日の日韓合意のときからわかっていた。河野談話からして、自民党と韓国政府の合作ではなかったのか。政局で歴史を扱っていいはずがない。

安倍にそのまま言葉を返しておく。

「歴史認識を政治が決めるのは愚かなことだ」

日米同盟について　二〇一五年九月四日 テレビ番組にて

（米軍が）日本を守っているのに日本は何もしないとなれば、日米同盟は終わってしまう。

二〇一五年九月四日、安倍はテレビ番組で、安全保障関連法案について「（米軍が）日本を守っているのに日本は何もしないとなれば、日米同盟は終わってしまう」と発言。

日米同盟において日本が何もしていないって、無知にも程がある。

これは自衛隊に対する侮辱である。

三島由紀夫は言う。

「われわれは戦後の日本が経済的繁栄にうつつを抜かし、国の大本を忘れ、国民精神を失ひ、本を正さずして末に走り、その場しのぎと偽善に陥り、自ら魂の空白状態へ落ち込んでゆくのを見た。政治は矛盾の糊塗、自己の保身、権力欲、偽善にのみささげられ、国家百年の大計は外国に委ね、敗戦の汚辱は払拭されずにただごまかされ、日本人自ら日本の歴史と伝統を潰してゆくのを歯噛みしながら見ていなければならなかった」「しかも法理論的には自衛隊は違憲であることは明白であり、国の根本問題である防衛が、御都合主義の法的解釈によってごまかされ、軍の名を用ひない軍として、日本人の魂の腐敗、道義の頽廃の根本原因をなして来ているのを見た。もっとも名誉を重んずべき軍が、もっとも悪質の欺瞞の下に放置されて来たのである」（「檄」）

「むしろ私が一番疑問に思うのは、万一いま大戦争が起ったら自衛隊全部がアメリカの指揮下にはいるのではないかという危惧です。（中略）政府がなすべきもっとも重要なことは、単なる安保体制の堅持、安保条約の自然延長などではない。集団保障体制下におけるアメリカの防衛力と、日本の自衛隊の独立的な価値を、はっきりわけてPRすることである」（「三島帰郷兵に26の質問」）

残念ながら、三島の予言はもっともグロテスクな形で的中してしまった。

作家・三島由紀夫は「安倍的なもの」の拡大を危惧した。

靖国神社参拝について　著書『新しい国へ』

一国の指導者が、
その国のために殉じた人びとにたいして、
尊崇の念を表するのは、
どこの国でもおこなう行為である。
また、その国の伝統や文化にのっとった祈り方があるのも、
ごく自然なことであろう。

基本的に安倍は嘘つきです。

第一次安倍政権の任期中に靖国神社に参拝できなかったことを「痛恨の極み」と言い、「一国の指導者が、その国のために殉じた人びとにたいして、尊崇の念を表するのは、どこの国でもおこなう行為である」（『新しい国へ』）と述べながら、首相就任後は終戦の日も秋季例大祭

も参拝を見送った。

百田尚樹との対談本（『日本よ、世界の真ん中で咲き誇れ』）では、「安倍政権（第一次）においては、憲法改正のための国民投票や教育基本法の改正など、いわば保守本道としての政策的課題はこなしていったのですが、肝心の靖國参拝について、私が総理在任中にできなかったことは非常に無念です」と述べている。これに対し、百田が「ズバリ伺いますが、安倍さんが再び総理の座に就いた時には、八月十五日に靖國参拝を行なっていただけますか」と聞くと、安倍は「当然のことながら、いずれかのタイミングで参拝したいと考えています」と答えた。

しかし第二次政権においても安倍は中国、韓国、アメリカに配慮し、八月一五日の参拝見送りを続けている。

どうしても行けない事情があるなら仕方がない。でもそれなら軽はずみなことをペラペラ喋らなければいい。結局、安倍にとって靖国は自称保守やネトウヨを扇動する道具にすぎないのだろう。

頭も軽いが、言葉も軽い。嘘とごまかしにまみれた人生。

第四章

安倍晋三の憲法理解

安倍でもわかる三権分立のお話

「三権分立は民主主義の条件」「民主主義の対立概念は独裁」などと言う人がいます。

でも、これは間違いです。

三権分立といえば、誰もがモンテスキューの名前を思い出すでしょう。

モンテスキューは、まず政府の形態を共和政、君主政、専制政の三つに分けました。このうち共和政には、人民全体が主権を持つ民主政と、一部が主権を持つ貴族政（代議制）が含まれる。

モンテスキューが肯定したのは、選挙により選択原理が働く後者であり前者ではありません。

当然です。

政治的決断は素人ではなく玄人（＝選良）が行わなければならない。よってモンテスキ

シャルル＝ルイ・ド・モンテスキュー。
フランスの哲学者。

ユーは「低レベルな人間に投票権を与えるな」と制限選挙の必要性を説いたのです。

モンテスキューは民主政を「もっとも傲慢な暴君」による支配と切り捨てました。

一方、民主政の原理を突き詰めれば、くじによる抽選で代表を決めることになる。

これは危険です。

モンテスキューは、人民に権力が集中すれば、習俗、秩序、自由が破壊されることを見抜いていました。そこで、失われつつある君主や貴族の権利を温存し、急激な民主化を阻止するために三権分立（四権・五権分立）というシステムを提唱したのです。

立法権を議会に置くなら、行政権は君主に置くべきであり、さらに立法府は貴族の代表（上院）と人民の代表（下院）の二つに分割すべきであると。

要するに、権力を分散させることが大切なのです。

モンテスキューは警告を発しました。

「民主制の原理は、人々が平等の精神を失うときのみならず、極度の平等の精神をもち、各人が自分を支配するために選んだ者と平等たろうと欲するときにも腐敗する。そうなると人民は、自分が委任した権力すら我慢できず、元老院に代わって審議し、執政官に代わって執行し、全裁判官を罷免し、なにもかも自分自身でやろうとする」（『法の精神』）

これが最悪の形で現実化したのがフランス革命におけるロベスピエールの一連の暴走

でした。そこでは、あらゆる権力が人民の名の下に一元化された。
権力を集中させてはならないというのが、歴史の教訓である。
モンテスキューが言うように、「権力をもつ者はすべて、それを濫用する傾向」がある。それを防ぐためには、「事物の配列によって、権力が権力を阻止するのでなければならぬ」(同前)。

あらゆる権力に対する警戒を怠らないのが保守です。

一院制の導入をもくろみ権力の集中を進める安倍は「オカルト系極左グローバリスト」と定義できるかもしれません。

安倍に読んで聞かせたい
政治思想の名著

『法の精神』
モンテスキュー著
岩波文庫
政治思想の名著。論点は政治学、法学、社会学、人類学など多岐にわたる。

憲法について　二〇一四年二月三日 国会答弁

憲法が権力を縛るためのものだったのは王権の時代。その考え方は古い。今われわれが改正しようとしている憲法は、国家権力を縛るためだけではなく、私たちの理想や国のあり方、未来について語るものにしていきたい。

集団的自衛権の行使について安倍が説明する中、弩級《どきゅう》のアホ発言が飛び出した。「憲法が権力を縛るためのものだったのは王権の時代。その考え方は古い」って完全にルーピー（間抜け）でしょう。

これが小学生の意見なら微笑ましいし、中学生の意見なら「しょうもない」で終わる話だが、一国の総理がここまでバカだと危ない。

もちろん、いつの時代だろうが憲法は権力を縛るためのものである。

近代だったら民主権力を縛る。

権力は必ず暴走するからです。

で、自民党の改憲派は、現行憲法は「理想的すぎる」と批判してきたんじゃないの？

安倍が知るはずもないが、憲法学では「固有の意味の憲法」（広義の憲法）と「立憲的意味の憲法」（狭義の憲法）は区別されている。広義の憲法という視点においては、憲法は国家権力を縛る機能だけでなく、国家の秩序の根本規範、つまり国の形（国柄）を表現する規範と捉えられている。

当たり前の話だが、それは伝統による正統性を持った規範であり、「私たちの理想や国のありかた、未来について語るもの」ではない。安倍が妄想を膨らませて「理想の国家」を語ったものが憲法になるなら、それこそ王権時代への逆戻りである。

二代目ルーピー。憲法改正を唱えるが憲法のことはよく知らない。

憲法学について　二〇一三年三月二九日 国会答弁

私は憲法学の権威でもございませんし、(成蹊大学の憲法学の)学生だったこともございませんので、存じ上げておりません。

二〇一三年三月二九日、民主党の小西洋之が「安倍総理、芦部信喜さんという憲法学者をご存じですか」と質問すると、安倍は「存じ上げておりません」と答えた。

もちろん芦部（一九二三～九九年）は、有名な憲法学者である。憲法学の第一人者・宮沢俊義（一八九九～一九七六年）の弟子で、東京大学教授、日本公法学会理事長を務めた。一九九三年には文化功労者に選ばれている。

安倍の発言は、母校である成蹊大学法学部政治学科の学生をもバカにしているが、そもそも憲法を「前文から全てを含めて変えたい」（二〇一六年七月一〇日）という安倍が、「学校で習わなかった」と弁解するところに、腰が抜ける。

安倍が在学中、成蹊大学で政治思想史を教えていた加藤節教授は言う（『フライデー』二〇一六年五月二七日号）。

「安倍さんを表現するとき、私は、二つの『ムチ』に集約できると思うのです。一つはignorantの『無知』、もう一つはshamelessの『無恥』です。『無知』についていうと、彼はまず歴史を知らない。戦後の日本が築いてきた歴史を踏まえていないんです。歴史はよく知らないから、そんなものは無視しても良いと考えているのではないでしょうか？」

「立憲主義とは、最高規範が権力を縛る、というのが基本的な考え方です。いまでいう最高規範は憲法ですよね。憲法が政策決定に影響を与えるのは当然のことなのです。しかし、安倍首相は自分の考えに同意する人物を登用し、反対する人はクビにしてしまう。つまり、安倍政権のやり方というのは、『法による支配』ではなく『人』による支配なんです」

「法による支配」は「法治主義」とは違う。「法治主義」は議会が制定した法律により統治

母校成蹊大学の名前を汚した安倍に、後輩たちが抗議の声を上げげた。

が行われるべきという原理だが、「法の支配」は統治する側にも及ぶ。

安倍が理解していないのはそこの部分だろう。

二〇一四年一〇月一九日、安倍は国際法曹協会の年次大会で「法の支配」についてスピーチ。

聖徳太子（五七四〜六二二年）の「十七条憲法」を持ち出し、「人類愛によって結ばれ、助け合う人間が、合意によって作っていく社会の道徳や規範。それが法です」などと話し、参加した弁護士らの失笑を買った。

成蹊大学の学生は、就職活動で母校の名前を出すと、「ああ、安倍晋三のね」と冷笑されるという。

二〇一五年九月一三日には、成蹊大学の現役生、卒業生が抗議声明を出している。

「私たち成蹊大学後輩一同は、あなたの安全保障関連法案における、学問を愚弄し、民主主義を否定する態度に怒りを覚え、また政治学を学んだとはにわかに信じがたい無知さに同窓生として恥ずかしさを禁じえません」

どう考えても安倍は政治家に向いていないのではないか。

憲法解釈について① 二〇一五年六月九日 記者会見

今回の法整備に当たって、憲法解釈の基本的論理は全く変わっていない。この基本的論理は、砂川事件に関する最高裁判決の考え方と軌を一にするものだ。

安倍の特徴の一つが、根拠を示さずに断言することである。

たとえば、安全保障関連法案について「憲法解釈の基本的論理が変わっているという意見があるが、私は次のような理由で、変わっていないと思う」と説明するなら、まだわかる。

しかし、法案の内容を理解せずに、周囲から吹き込まれたことを繰り返すから支離滅裂になる。

二〇一五年六月九日、安倍は記者会見で「今回の法整備に当たって、憲法解釈の基本的論理は全く変わっていない。この基本的論理は、砂川事件に関する最高裁判決の考え方と軌を一にするものだ」「憲法の基本的な論理は貫かれていると私は確信しております」「他国の防衛を目的とするのではなく、最高裁判決に沿ったものであるということは明確であると思う」などと発言。

憲法学者や裁判官、内閣法制局長官、現場で憲法解釈を行ってきた官僚が、「憲法解釈の基本的論理が変わっている」と指摘しているのに、「変わっていない」の一言で済ませる。

異常としか言いようがない。

元最高裁判事の浜田邦夫は、安倍政権が「砂川事件」の最高裁判決を合憲の根拠としたことについて、判決は日本の自衛権が争われたわけではないとして「間違っている」と断言。「基本的論理は全く変わっていない」というのは、「法律専門家の検証にたえられない。裁判所では通らない」とした（二〇一五年九月一五日、中央公聴会）。

左から長谷部恭男早大教授、小林節慶大名誉教授、笹田栄司早大教授。

参考人として国会に呼ばれた憲法学者三人（長谷部恭男、小林節、笹田栄司）全員が、安全保障関連法案を「違憲」と明言。集団的自衛権の行使について「従来の政府見解の基本的な論理の枠内では説明がつかない」と指摘した（二〇一五年六月四日、衆院憲法審査会）。

元最高裁長官の山口繁は、「少なくとも集団的自衛権の行使を認める立法は違憲だと言わざるを得ない」と発言。「砂川事件」に関しては、「当時の最高裁が集団的自衛権を意識していたとは到底考えられないし、（憲法で）集団的自衛権や個別的自衛権の行使が認められるかを判断する必要もなかった」と否定。法治主義を理解していないと批判した（『朝日新聞』二〇一五年九月三日）。

これに対し安倍は「今や一私人になられている方について、いちいちコメントするのは差し控える」と発言（二〇一五年九月一一日）。

国会の議論を蔑ろにし、私的諮問機関の「一私人」の意見ばかりに耳を傾けている人間がなにを言っているんですかね？

憲法解釈について②　二〇一四年二月一二日 国会答弁

（憲法解釈の）最高の責任者は私だ。政府答弁に私が責任を持って、その上で私たちは選挙で国民の審判を受ける。審判を受けるのは内閣法制局長官ではない。私だ。

二〇一四年二月一二日、国会で安倍は「（憲法解釈の）最高の責任者は私だ」と発言。政府答弁の責任が総理大臣にあるのは当然だが、だからといって法制局長官に答弁を求める必要がないということにはならない。ましてや、「選挙で国民の審判を受ける」ことが、勝手な答弁を正当化することにはなるはずもない。歴代の内閣法制局長官や、司法関係者、学者、専門家が問題にしていたのは法的安定性だ。正当な手続きなしに、法案を通せば、法秩序の連続性が切断されることになる。これまで、内閣法制局は独断で憲法解釈を行ってきたのではなく、あらゆる方面と調整を続けてきた。国の一貫性のための、内閣法制局でしょう。

二〇一五年九月一九日、デタラメな手続きで、安全保障関連法は成立。安倍は「憲法解釈の基本的論理は全く変わっていない」「アメリカの戦争に巻き込まれることはない」「自衛隊のリスクは下がる」などとデマを流して、押し切ったわけだ。法案を正当化するために存立危機事態として挙げていた例も全部デタラメ。ホルムズ海峡に機雷がまかれたケースも日本人の親子が米艦艇で移送されるケースも、事実上、撤回に追い込まれている。

集団的自衛権とは、「ある国家が武力攻撃を受けた場合に直接に攻撃を受けていない第三国が協力して共同で防衛を行う権利」である。

一番タチが悪いのは、法案の中身も知らずに、なんとなく安倍を支持した連中。「国際情勢が緊迫している」と言えば、それを真に受けたバカが、「たしかに安倍さんのやり方は強引かもしれないけど、このままでは国を守ることができない」などと言い出すわけだ。

嘘ばっかりで60年。

表現の自由について　二〇一六年二月一六日 国会答弁

表現の自由はもっとも大切な権利であり、民主主義を担保するものであり、自由の証し。

二〇一六年二月一六日、民主党の山尾志桜里が、安倍に「表現の自由の優越的地位」とは何かと問いただした。

「総理、このまえ、大串議員に、『表現の自由の優越的地位ってなんですか？』と問われました。この時、総理の答弁は、『表現の自由はもっとも大切な権利であり、民主主義を担保するものであり、自由の証し』という、かみ合わない、謎の答弁をされました」

「私は、憲法の二一条、表現の自由、これに対する総理の認識を問うているんです」

「法律の話をしていて自由の証しという言葉を私は聞いたことがありません」

安倍は後ろから出てきた事務方の説明を聞き、「これは、いわば法的に正確にお答えをすれば、経済的自由より精神的自由は優越するという意味において、この表現の自由が重視をされている、こういうことでございます」と答弁。

山尾が「なぜ精神的自由は経済的自由に優越するのですか」と突っ込むと、安倍は「いわば表現の自由が優越的であるということについては、これはまさに、経済的な自由よりも精神的な自由が優越をされるということであり、いわば表現の自由が優越をしているということでございますが、いずれにせよ、そうしたことを今この予算委員会で私にクイズのように聞くということ自体が意味がないじゃないですか」とブチ切れた。

山尾が「これは理由になっておりません。これがわからないと大変心配です」と指摘すると、安倍は「内心の自由、これは、いわば思想、考え方の自由をわれわれは持っているわけでございます」と発言。

何を言っているのかよくわからない。

山尾も呆れ果てていた。

いろいろなことがよくわからない。

「総理は知らないんですね」

「憲法の最初に習う基本のキです。経済的自由は大変重要な権利ですけれども、国がおかしいことをすれば、選挙を通じてこれは直すことができるんです。でも、精神的自由、特に内心の自由は、そもそも選挙の前提となる国民の知る権利が阻害されるから、選挙で直すことができないから、優越的な地位にある」

「これが憲法で最初に習うことです」

これは山尾が悪い。

安倍にそんなことがわかるはずがないではないか。

日本国憲法について　二〇一六年二月三日国会答弁

(現行憲法について)占領時代に作られ、時代にそぐわないものもある。

二〇一六年二月三日、国会で安倍は、戦力の不保持を宣言した憲法九条二項について「七割の憲法学者が自衛隊について憲法違反の疑いを持っている状況をなくすべきではないか、という考え方もある」と発言。

さらに、現行憲法について「占領時代に作られ、時代にそぐわないものもある」と指摘。その上で「私たちの手で変えていくべきだとの考えの下で自民党の憲法改正草案を発表した。国会は発議す

憲法観、国家観、歴史観、すべてが変。

るだけで、決めるのは国民だ。国会が国民に決めてもらうことすらしないのは責任の放棄ではないのか」と述べ、憲法改正に前向きな姿勢を示した。

アホですね。

憲法改正という国の根幹に関わる問題で、国会における議論が深まらないまま、国民の判断に丸投げするなら、それこそ責任の放棄ではないか。

そもそも憲法は「今の時代に合わせる」ようなものではない。

時代が腐っていたら、憲法まで腐らせるのか。

今の憲法は問題があるけど、自民党の改憲案よりはるかにマシ。

とにかく憲法を変えればうまくいくというのは単なるオプティミズムである。

すでに述べたように、憲法は権力を縛る目的を持つのと同時に、歴史によって正統性が与えられた国家の秩序の根本規範である。

稚拙な判断は国を滅ぼすことになる。

ネット世論と自民党

一番怖いのは「慣れ」

ネット世論に判断を委ねてよいのか。

ダメである。

本来ならその一言で終わる話だ。

しかし、わが国の現状はどうか？

自民党は二〇一六年夏の参院選比例区の公認候補をインターネットで公募し、さらに、ネット投票で一人に絞り込んだ。

問題はこれを異常と感じない人間が増えていることだ。多くのメディアは、「若者の声が反映される」「政治が身近になる」「地盤、看板、鞄の政治からの脱却」などともてはやしていた。

一番怖いのは「慣れ」だ。どんなに異常な事態が発生しても、慣れてしまえば目に入らなくなる。

たとえば、久本雅美や柴田理恵がテレビ画面に登場したとき、誰もが違和感を覚えたはずだ。彼女らは当初「衝撃的なブス」という役割を引き受けていた。しかし、今では頬紅を塗り、それなりにテレビ画面に収まっているのである。彼女らが変わったのではない。視聴者の目が慣れたのだ。

自民党のネット公募「オープンエントリー2016」は、多様な人材の発掘と若者の取り込みを目的として企画されたという。ネット投票の対象は、四五八人の応募者から書類審査と面接で絞り込まれた一二人。この「ファイナリスト」のうち、最も多くの票を集めた五二歳の冴えない男が、比例代表候補として公認された。この男、かつては「東京プリン」というコミックバンドをやっており、二〇一三年七月の参院選では自民党の比例区から出馬し、落選している。

鳴り物入りでスタートしたネット公募で選ばれたのは、すでに世間からダメ出しを食らった人物だったというオチ。

党選対幹部はアイドルグループAKB48を例に出し、「有名人が候補者になるのではなく、候補者になったから有名人になるんだ」と説明したという。AKB48が政治のまねごとをやるのではなく、いまや政治がＡＫＢ48のまねごとをやっているのだ。
アホにしても限度がある。

世論や民意を利用する政治家

巷では連日のようにネットによる世論調査の結果が垂れ流されている。しかし、そこで扱われる数字の多くは意味がない。ネットでは必然的に回答者が偏るし、母集団の質もほとんど考慮されていない。

ネットアンケートを行うテレビ番組も増えたが、回答するのは視聴者だけであり、番組の内容により当然、回答の傾向は異なってくる。

要するに、ネットから世論を抽出するのは無理なのだ。

一般的な世論調査とネット上のそれでは大きな差が出ることが多いが、情報弱者やネトウヨはそれをもって「われわれは騙されている」「大手メディアは情報操作をしている」「ネットには真実が流れている」と騒ぎ出す。こうした「ネットの声」に翻弄されているのが今の時代である。

ネットで一番強いのは暇なバカである。

そこでは、人間のもっとも薄汚い感情が野放しになっている。怨恨、嫉妬、妄想、悪意……。さらに正義感が重なることで、生贄に対する集団リンチが発生する。こんな連中の相手をするほうも悪いのだ。

ネットでは自分の世界観を補強してくれる情報をピンポイントで集めることができる。こうして知的に武装することで、万能感、自己肯定感が高まっていく。過剰な情報により、世界がますます狭くなる。こうしてネットではバカがより凝縮されたバカになり、より居丈高になっていく。

結果、書籍の口コミサイトでは、読まずに書いたとしか思えないコメントが並ぶようになり、グルメの口コミサイトでは、ロクでもない料理屋が上位にランクインし、真っ当な店はどこの誰かもわからない奴に誹謗中傷される。そもそも、こうしたレビューを投稿しているのは、平気な顔をして料理の写真を携帯電話で撮るような連中だ。「ネットの声」など、この程度のものである。

ウォルター・リップマン（一八八九〜一九七四年）は、ジャ

ウォルター・リップマン。アメリカのジャーナリスト、コラムニスト。

ーナリズム論の古典『世論』でこう述べる。

「公共の事柄に対する意見は社会の正常な成員によるものだけではないし、また選挙、宣伝、支持者集団のためには数が力となるものであるから、注意の質はなおさらに低下する。読み書きのまったくできない人たち、精神薄弱者たち、たいへんに神経質な人たち、栄養不良の人たち、欲求不満の人たちからなる大衆の数は相当に大きい」

こうした連中を扇動し権力を握るのがデマゴーグであり、それに類する政治家だ。リップマンは世論や民意を利用する政治家を警戒した。

「なぜなら、あらゆる種類の複雑な問題について一般公衆に訴えるという行為は、知る機会をもったことのない大多数の人たちをまきこむことによって、知っている人たちからの批判をかわしたいという気持から出ているからである」(同前)

情報は操作され、制限され、屈折する。複雑な事象は二項対立に落とし込まれ、判断能力が欠如した人々に呈示される。

権力と世論の結託が全体主義を生み出すなら、世論とすら呼べない「ネット世論」に判断を委ねるのは、ほとんど狂気の沙汰である。

リップマンは「引きこもっているばかりの人たち」に意見を求めてはダメだと言う。

まさに今、ネット世界に引きこもっている人たちに、「正邪」の判断が委ねられようとしているのだ。

拍車をかけた郵政解散

女房の出産入院中に不倫していた宮崎謙介、未公開株をめぐる金銭トラブルを起こした武藤貴也、「マスコミを懲らしめる」発言の大西英男、国会をさぼり秘書と旅行に行った上西小百合……。彼らの共通項は公募議員である。なぜ公募で集まる人間はクズが多いのか？

実は公募制度の乱用とネット世論の過大評価という現象は密接な関係がある。

かつての政党の候補者は、地元で当選を重ねた地方議員や議員秘書、支持団体の推薦者、官僚ＯＢが多く、人品や立ち居振る舞いがある程度見えていた。

しかし、一九九二年に日本新党が議員の公募を始めると、他党も追従。八党派連立の細川政権下では衆議院小選挙区比例代表並立制が導入されたが、そこでは基本的に上位二政党の戦いになる。政治家個人の資質より党のイメージ戦略が重要になるので、ポピュリズムが急激に政界を汚染した。また、政治資金規制法改正により、党中央にカネが集まり、権限が拡大した。こうして公募制度による恣意的な公認が横行するようになり、話題づくりにすぎない人物、良識のかけらもない人物が政界にもぐり込むようになった。

こうした流れに拍車をかけたのが小泉政権だろう。

二〇〇五年、郵政民営化関連法案が参議院で否決されると、小泉は「郵政民営化に賛成してくれるのか、反対するのか、これをはっきりと国民の皆さまに問いたい」と言い、衆議院を解散した。職業政治家の判断を無視し、素人の意見である世論に判断を委ねたのだ。

小泉は、反対派の議員に「抵抗勢力」とレッテルを貼り、公認を拒み、即席の公募で集めた候補者を「刺客」として選挙区に送り込んだ。

小泉は「自民党をぶっ壊す」と息巻いたが、自民党と一緒に議会主義も良識もすべてをぶっ壊したのである。

逆に言えば、この二〇年にわたる改革の乱痴気騒ぎにより、政党は国民の声をくみ上げるシステムを見失ってしまった。彼らは自らの役割を放棄し、ついには発狂してネット世論に飛びついた。政治がもっとも警戒しなければならないのは、顔が見えない世界であるにもかかわらず。

ネットはデマやプロパガンダの温床であり、悪意に火をつけるのは簡単だ。さらには架空の敵をでっち上げることも容易にできる。

問題は現在進行中の「新しい形の大衆扇動」が何を生み出すかだ。

政令指定都市である大阪市が住民投票により解体直前まで追い込まれたのは記憶に新しい。思考停止した社会はナチズムやスターリニズムに行き着いたが、二一世紀においては、ネット世論から悲劇が発生するかもしれない。

安倍に読んで聞かせたい
政治思想の名著

『世論』
W・リップマン著
岩波文庫
大衆心理はいかに形成されるのか。人間と環境の関係を明快に説いていく。

第五章

安倍晋三の人間性

安倍でもわかる自由と平等のお話

ゲーテは自由についてこう言います。
「本物の自由主義者は自分の使いこなせる手段によって、いつでもできる範囲でよいことを実行する。しかし、必要悪を力尽くですぐに根絶しようとはしない。彼は賢明な進歩を通じて少しずつ社会の欠陥を取り除こうとする。暴力的な方法によって同時に同量のよいことをだめにするようなことはしない。彼はこの常に不完全な世界において時と状況に恵まれて、よりよいものを獲得できるまで、ある程度の善で満足するのだ」（エッカーマン『ゲーテとの対話』）
この点において、保守は自由主義者と手を組むことができた。
近代啓蒙思想から発生した「平等」の拡張運動は結局、野蛮に行き着きました。だとしたら、同様に近代イデオロギーである「自由」も検討対象にしなければならな

ヨハン・ヴォルフガング・フォン・ゲーテ。小説家、劇作家、詩人、科学者、政治家。

い。バークも言うように「秩序によって制御されない自由は自由自体を破壊してしまう」からです。

ところが近年、アメリカの特殊な保守観にかぶれた自称保守が、近代イデオロギーにより国家や伝統の解体を図るようになった。

彼らはフランス革命の理念である「平等」を批判する一方、「自由」を批判できない。それどころか、「自由主義は保守の本質」などと言い出すバカまで現れた。

左翼、革新勢力は、理想により現実を否定したいわけです。だから、現実の背後に世界観や歴史観が必要になる。要するにイデオロギーですね。

だから、当然、保守は反共の立場をとります。

しかし、反共＝保守ではない。

逆に、反共というところで思考停止することで「保守」は劣化してきた。単なる排外主義者に堕したり、市民運動を始めたり……。冷戦が終わり、「大きな敵」を見失ったことで、なにがなんだかわからなくなってしまった。

それで、同様に反共の姿勢を示した自由主義の暴走を見逃してしまう。

「価値観を共有するアメリカとわが国は運命共同体だ」みたいなことを言う人がいますが、アメリカの保守観は極めて特殊なものです。これは当然で、アメリカは建国当初から自由を至上の価値として掲げる純粋な近代国家なので、自由を神格化するのが保守になる。そこでは、個人の自由に介入するものは悪となり、極端な個人主義が発生する。政府の干渉を嫌うので、小さな政府を唱えるのが保守になる。

こうしたアメリカの特殊な保守観を輸入してきて悦に入ることにより、「保守」が原理的な近代主義者になるという倒錯が発生する。

今の日本の「保守論壇」で発生している現象はまさにこれです。

安倍に読んで
聞かせたい
政治思想の名著

『ゲーテとの対話』
エッカーマン著
岩波文庫
ゲーテが後半生に残した珠玉の言葉を、エッカーマンが書き留めた「人類の宝」。

大阪都構想について　『週刊文春』二〇一五年六月一一日号

辻元さんと一緒に大阪都構想に反対した（自民党）大阪府連はけしからんね。

「大阪都構想」とはなんだったのか。

巨大詐欺事件であり、戦後最大の劇場型犯罪です。

なにしろ、政令指定都市である大阪市が白昼堂々狙われたのである。

まず、「都構想」という名称自体が詐欺だった。

多くのメディアが「大阪都構想への賛否を問う住民投票」などとミスリードしていたが、住民投票で賛成票が反対票を上回っても、「大阪都」になることはなかった。実際、住民投票後の手続きが記載された『特別区設置協定書』には、「大阪都」「都構想」「二重行政」という言葉は一切出てこない。「二重行政の解消のために都構想を実現する」という話は住民投票とは関係ない。

住民投票が通れば、大阪市は解体され、五つの特別区に分割されることになっていた。当然、大阪市民は自治を失う。その財源や権限の多くは維新の会に流れていく。

常識があれば、こんな百害あって一利もない制度に賛同するはずはない。

そこで、維新の会は二重行政の解消でカネが出てくるというデマを流した。

維新の会は、当初、年間四〇〇〇億円の財源を生み出すのは「最低ライン」と言っていたが、大阪府と大阪市が試算した結果は九七六億円。さらにその数字も大阪市長・橋下徹の指示による粉飾だった。最終的に大阪市会が出した「効果」はわずか一億円。制度移行のための初期投資六八〇億円、年間コスト一五億円を引けば、明らかにマイナスだ。

にもかかわらず、橋下は大阪市のタウンミーティングで、二重行政の解消による財政効果は「無限」と言い出した。

細工が加えられた詐欺パネルを使い、テレビCMでは「教育費を五倍にした」とデマを流

辻元清美。民進党議員。元ピースボートスタッフ。

し、住民投票前になると「都構想の住民投票は一回しかやらない」「賛成多数にならなかった場合には都構想を断念する」と断言したが、否決後三カ月もしないうちに、再び「都構想」をやると言い出した。

もちろん、橋下の危険性に気づいている人はいた。

麻生太郎は維新の会を「やるやる詐欺」と批判していたし、谷垣禎一は都構想は「羊頭狗肉」と看破している。要するに詐欺だ。

この詐欺集団を裏で支えていたのが安倍である。

自民党の長であるにもかかわらず、大阪で戦っている同志の背中に矢を放った。この不道徳極まりない卑劣な男が、有事の際、真っ当に動く保証はない。

二〇一五年の大阪府知事選・市長選で維新の会が二勝すると、首相官邸からは歓迎する声が上がったという（『FNNニュース』二〇一五年一一月二三日）。

安倍に読んで聞かせたい
政治思想の名著

『ブラック・デモクラシー』
藤井聡、適菜収、中野剛志、薬師院仁志他著
晶文社
橋下維新を例に、民主主義が全体主義に転化するプロセスを徹底検証する。

橋下徹について① 百田尚樹との共著『日本よ、世界の真ん中で咲き誇れ』

そこは橋下さんの才能だと思いますね。政治家はメディアとの対立を極力、避けます。それをテレビメディアに対しても堂々と主張を貫き通し、勝利している。

安倍が高く評価する政治家が橋下徹である。

「なによりも結果を出してこその政治家であり、結果を出さない政治家には一文の価値もないと思っていますので、民主党との連立という選択肢はありませんが、いま評価が分かれている『大阪維新の会』については、私は連携できると考えています」（『日本よ、世界の真ん中で咲き誇れ』）

「ウソをつかない奴は人間じゃねえよ」（橋下徹『まっとう勝負！』）

「現場との対立を厭わず、次々に改革を打ち出す。教育改革などは実に筋が通っています」（同前）

では、橋下が大阪でなにをやったのか？

友人のパワハラ男を教育長に押し込み、公募でセクハラ校長を集め、大阪の教育を完全に荒廃させた。

平松市長時代に比べて教育予算を五倍にしたというのも大嘘。

平松市政が行われていた二〇一一年度のこども青少年費は一六八七億円、教育費は九八〇億二二〇〇万円である。二〇一四年度の橋下市政では、こども青少年費が一七一三億一九〇〇万円、教育費が八四五億五六〇〇万円。つまり、橋下は一〇八億四七〇〇万円も予算を削ったのだ。

維新の会の教育改革により、大阪の校内暴力発生件数は全国一位に。

なにが筋が通っているって？

花畑の真ん中で咲き誇っているのが安倍である。

橋下徹について② 『正論』二〇一五年七月号

大阪市を廃止すべきか否かという大きな問題について、住民投票によって市民に賛否を問うという段階まで進めたリーダーシップは注目に値すると思います。

いわゆる「大阪都構想」が住民投票（二〇一五年五月一七日）で否決されたことを受け、橋下は市長任期終了後に政界を引退すると表明。これを受け安倍は『正論』（二〇一五年七月号）のインタビューで次のように述べている。

「現在の大阪市という体制を維持していくことを大阪市民の皆さんが選んだということではないかと思いますが、あれだけ賛成意見も多かったということを勘案しながら改革を進めていく必要があるのではないかとも思いました」

「橋下市長はこれまで政治家として、リーダーシップを持って新しい試みに挑戦してきました」

「憲法改正を進めていくべきだという考えでは、私たちとも一致しています。憲法改正に向けて、強いリーダーシップ、国民に訴えかけていく力を生かしていただきたいと思います」

「賛成意見」が多かったのは、ナチス顔負けのプロパガンダの成果である。デマを流して大阪市民を騙しただけだ。

要するに安倍と橋下は同類。

二〇一五年一二月一九日、安倍と菅義偉、松井一郎が参加し、橋下の「慰労会」が開かれている。そこでは憲法論議が行われ、橋下は「統治機構を一から設計し直すのは政治家の役割」「統治機構改革のための改憲を目指すべきだ」と発言。安倍は引退について「惜しむ声は多い」と語ったという。

菅義偉。官房長官。官邸と維新の会をつなぐ諸悪の根源。

政権公約について　二〇一六年六月一日 記者会見

これまでのお約束と異なる新しい判断。「公約違反ではないか」とのご批判があることも真摯に受け止めている。

二〇一六年六月一日、安倍は二〇一七年四月に予定していた消費税率一〇％への引き上げを二〇一九年一〇月に再延期する方針を表明した。

安倍の説明は二転三転、四転、五転してきた。当初二〇一五年一〇月に予定されていた一〇％への引き上げは、二〇一四年一一月に延期が発表されたが、そのとき安倍はこう言っていた。

「（延期後に）さらに延期するのではないかといっ

反省だけなら安倍でもできる。

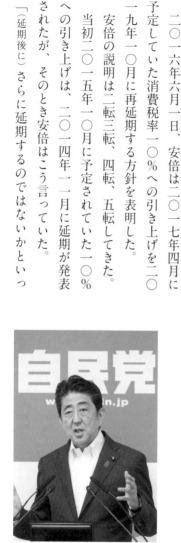

た声がある。再び延期することはない。ここで皆さんにはっきりとそう断言いたします」

なにかにつけて「絶対」とか「必ず」といった断言を繰り返す安倍だが、嘘ばかり。安倍の発言にはなんの根拠もない。

二〇一六年六月一日の会見では「新しい判断」という言葉が飛び出した。

これはなかなか便利である。

なにを約束しようが、「新しい判断」という言葉で簡単に反故《ほご》にできるのですから。

ちなみにこの会見の直前に開かれた自民党の選対会議で、安倍は「責任政党として約束することは必ず実行する、できることを約束していく政党であらねばならない」と発言している。

コントかよ。

野党共闘について①　二〇一三年六月一六日 フェイスブック

「民主党は息を吐く様に嘘をつく」との批評が聞こえてきそうです。

安倍はフェイスブックに「『民主党は息を吐く様に嘘をつく』との批評が聞こえてきそうです」と投稿したり、菅直人内閣についてテレビ番組で「陰湿な左翼政権！」と言ったりしているが、幼いというか、ほとんどネトウヨレベル。

二〇一六年三月一三日、安倍は自民党の党大会で、参院選について「選挙のためだったら何でもする、誰とも組む、こんな無責任な勢力に私たちは負けるわけにはいかないんです。今年の戦いは政治に国民に責任を持つ自民党・公明党連立政権対こうした民主党、共産党、民共の勢力との戦いになります」と発言。

選挙のためだったら誰とでも組んできたのは自民党ではないか。

一九九四年六月三〇日、自民党は社会党と組み、社会党委員長の村山富市を総理大臣にした。このときの内閣総理大臣指名選挙で村山に投票したのが安倍である。

「じつは、かくいうわたしも、首班指名のとき、社会党の村山富市氏に一票をいれたひとりである。野党の自民党が、早期に政権復帰するには、それしか道がなかったのだ」（『新しい国へ』）

二〇一六年二月二〇日、安倍はラジオ番組でキャスターから「もし民主党の政治家であればどのような政策を掲げて支持率を上げるのか？」と聞かれ、「民主党の政治家なら、政治家を辞めるという選択肢もある」と語った。また、「民主党全体の質問を見ていると、だんだん共産党と似てきた」と発言。共産党と絡めて印象操作を行うのを見ると、だんだんナチスに似てきたようだ。

なお、安倍は息を吐くように嘘をつく。

衆院選で自公政権が大勝した二〇一四年一二月一四日、安倍は、自民党本部から各局の報道番組に中継で出演。ジャーナリストの池上彰が「今回の選挙でアベノミクスはずいぶん訴えたが、集団的自衛権の憲法解釈をあまりおっしゃらなかった」と指摘すると、安倍は色めき立ち、「そんなことはありません。街頭演説は限られている時間

池上彰。「番組を全て録画し毎日のように抗議してくる。こんな政権は今までなかった」と安倍を批判。

の中でも、私は七～八割は安全保障について話をしているはずですよ」と反論した。

しかし、朝日新聞が調べたところ、全国七四カ所の演説の中で、安全保障政策に触れたのは三一回、さらに、集団的自衛権という言葉を使ったのは一三回にすぎなかった（『朝日新聞』二〇一四年一二月一七日）。

また、二〇一六年九月二九日、国会で「安全保障関連法について、国民への説明が不十分だったのではないか」と野党に追及されると、安倍は「参院選において街頭演説等で、私は必ず必ず、平和安全法制（安保関連法）についてお話をさせていただきました。その結果、先ほど申し上げましたように、改選議席の過半数を与党で大幅に上回る議席を得ることができたわけでございます」と答弁。

こちらも朝日新聞が調べたところ、参院選の期間に演説した六四カ所中「平和安全法制」という言葉を出したのは二〇カ所で、四四カ所で出していなかった。

宮崎謙介の不倫について　二〇一六年二月一五日 国会答弁

議員である前に人間として襟を正す必要がある。

二〇一六年二月一五日、育児休暇取得を表明していた自民党の宮崎謙介が不倫を認めて議員辞職願を提出したことに関し、安倍は「ああいう形で辞任したのは党総裁として申し訳ない。議員である前に人間として襟を正す必要がある」と発言。

また、この件に関して「うらやましい」と発言した自民党の溝手顕正については、「発言は承知していないが、国会議員に対しては、常に国民の厳しい目が注がれているという緊張感の中で対応しなければならない」と苦言を呈した。

見事なブーメラン発言である。

宮崎謙介。元自民党議員。女房の出産入院中に不倫し、発覚。

福島第一原発について　二〇一三年九月七日 ブエノスアイレスでのIOC総会

フクシマについて、お案じの向きには、私から保証をいたします。状況は、統御されています。東京には、いかなる悪影響にしろ、これまで及ぼしたことはなく、今後とも、及ぼすことはありません。

二〇一一年三月一一日午後二時四六分、東北地方太平洋沖地震が発生。これに伴って発生した津波、およびその後の余震により引き起こされた大規模災害を「東日本大震災」と呼ぶ。地震から約一時間後に津波に襲われた東京電力福島第一原子力発電所は、一～五号機で全交流電源が喪失。原子炉を冷却できなくなり、一号炉、二号炉、三号炉で炉心溶融（メルトダウン）が発生し、大量の放射性物質の漏洩を伴う重大な原子力事故に発展した。

二〇一三年九月七日、ブエノスアイレスで開かれたＩＯＣ総会で東京が二〇二〇年オリンピックの開催都市に選ばれた。

安倍は、招致の最終プレゼンテーションで、東京電力福島第一原発について「The situation is under control」と発言。原発の汚染水については「影響は、福島第一原発の港湾内の〇・三平方キロメール範囲内の中で完全にブロックされている」と数字を挙げて説明した。

もちろん、嘘である。

当時、誰もがそれを知っていた。

九月九日には、東京電力が「完全にブロック」発言を事実上否定。九月一八日には、汚染水中の放射性物質が過去一年八カ月にわたり周辺の地中や港湾外の海に流出していた可能性があると発表した。

状況は制御されていなかった。

福島第一原子力発電所。福島県双葉郡大熊町・双葉町に立地する。

同年八月一九日には貯蔵タンクから約三〇〇トンの汚染水が漏洩。一〇月二日には、高濃度の汚染水が排水溝に沿って外洋に流れている。これは「〇・三平方キロメートル」の範囲外だ。

一〇月三日、官房長官の菅義偉は「実際に漏れているわけですから、対応策が十分だったとは思っていません」と発言。

その後、安倍の発言は支離滅裂に。

一一月二三日、国会で「その認識のずれ」はどこから来ているのかと指摘されると、安倍は「気持ちにおいて、私は全くずれていないと思う。私は行政の最高責任者として、状況を把握していて、それに対する対処を行っているということで申し上げたわけであります」と答弁。

なに言ってんですかね。「対処を行っていること」が「under control」なら、爆発しようが「統御されている」ことになる。

原発事故の危険性について　二〇〇六年一二月二二日 答弁書

（日本の原発で全電源喪失）事態が発生するとは考えられない。

二〇〇六年一二月一三日、共産党の吉井英勝が原発事故が発生する危険性についての質問書を提出し、不備を指摘した。

同月二二日の安倍の答弁書は、「外部電源から電力の供給を受けられなくなった場合でも、非常用所内電源からの電力により、停止した原子炉の冷却が可能である」「（日本の原発で全電源喪失）事態が発生するとは考えられない」と回答。

安倍は「安全の確保に万全を期している」とし

安倍自民党の「手抜き対策」が原発事故の被害を拡大させた。

たが、二〇一一年の福島第一原子力発電所事故では、全電源喪失が発生し、一号炉、二号炉、三号炉がメルトダウンした。

「不作為の罪」とはこういうことですね。

安倍は言う。

「こうして日本が抱える課題を列挙してみると、拉致問題のみならず、領土問題、日米関係、あるいはTPPのような経済問題でさえ、その根っこはひとつのように思えます。すなわち日本国民の生命と財産および日本の領土は、日本国政府が自らの手で守るという明確な意識のないまま、問題を先送りにし、経済的豊かさを享受してきたツケではないでしょうか」（『新しい国へ』）

そのとおりだ。

その「ツケ」を払うのは、安倍という荷物を背負った国民である。

指揮官の覚悟について　二〇一四年四月二〇日 テレビ番組にて

死ぬ覚悟はできてると、いま私が言ってもですね、嘘っぽく聞こえてしまうんだなと思うんですが。

二〇一四年四月二〇日、安倍は『たかじんのそこまで言って委員会』という番組に出演。「私はお国のために死ねる。◯か×か?」という質問に対し、△の札を出した。

普通の主婦や左翼が「国のためになど死ねないよ」というのはわかる。

しかし、安倍は自衛隊のトップであり、部下を

「愛国者」を装う「売国者」。国の破壊は止まらない。

戦地に送り込む立場である。部下は国のために命を懸けている。上司が「国のために死ねるかどうかわからない」と言うなら、自衛隊員は死んでも浮かばれない。ふざけんなという話です。

嘘っぽく聞こえてしまうのは、普段から嘘しかつかないからである。

安倍は言う。

「私が『永遠の0《ゼロ》』のなかで特に印象深かったのが、前線の兵士たちは極めて勇敢に戦っているにもかかわらず、判断を下す司令官に決断力と勇気のない者が多いという描写です。まさにそのとおりだと思いました。指揮官によるその場その場での判断と決断の誤りによって多くの人々が命を失うことになり、国家の命運を危ぶむことにも繋がりかねない」（『日本よ、世界の真ん中で咲き誇れ』）

二〇一二年九月二〇日には秋葉原で演説。

「そしてもう一つ大切なことは、この島はやっぱり私たちの手で守るんです。日本の領土のために、自分の国民のために命を懸けない人のために、命を懸ける人を探したって、世界中どこにもいないんです。このことがわからなくなってしまったことが、この戦後の六五年ではないでしょうか」

戦後の闇は深い。

国会のマナーについて　二〇一五年五月二八日 国会にて

早く質問しろよ！

二〇一五年五月二八日、国会で民主党の辻元清美がホルムズ海峡における機雷掃海のリスクについて指摘すると、安倍はイライラしはじめ、話を遮るようにして、「早く質問しろよ！」と声を荒げた。

この前日に安倍は、「与党側はこんなに静かに礼儀正しく聞いてるじゃないですか。みなさんも少しは見習ったらどうですか」「議論の妨害はやめていただきたい。学校で習いませんでしたか」などと野党を批判していた（『リテラ』二〇一五年一二月二七日）。

相手が女性だといきり立つ。

他人に厳しく、自分に甘いのも、安倍のいつものパターンである。

日教組！　どうするの日教組！

二〇一五年二月一九日、西川公也農林水産相の献金問題を追及していた民主党の玉木雄一郎に対し、安倍はいきなり「日教組！」「どうするの日教組！」とヤジを飛ばした。

これには、民主党議員が反発しただけでなく、委員長の大島理森も「総理も、ちょっと静かにしてください」と叱責。

翌日、安倍はヤジを飛ばした理由について「日教組は補助金をもらっている」「(日教組の本部がある)日本教育会館から献金をもらっている議員が民主党にいる」と説明。しかし、日教組は補助金を受けていなかった。

安倍は二月二三日の国会で、事実誤認を認め「私の記憶違いにより、正確性を欠く発言があったことについては遺憾で訂正申し上げる」と答弁。これでは、朝から晩まで「日教組！」と騒いでいるネトウヨと変わらない。

野党共闘について② 二〇一六年六月一一日 愛媛県の講演

野党統一候補というものではなくて、共産党、民進党の統一候補。民進党には、もれなく共産党がついてくる。

批判されると、脊髄反射的に「レッテルを貼るな」と言う安倍だが、その張本人はレッテルしか貼らない。

二〇一六年六月一一日、安倍は愛媛県の講演で「民進党にはもれなく共産党がついてくる」と発言。要するに国民の「反共アレルギー」を利用したわけだ。

六月一三日、民進党の岡田克也は、安倍が野党統一候補に対し「実態は共産党と民進党の統一候補。気をつけよう、甘い言葉と民進党」と述べたことについて「総理大臣の言葉なのかと思ってしまいますね」「わたくしは非常に公党に対して失礼だというふうに思います。ちょっと度が過ぎていますね、総理の言い方は。まるで（共産党は）非合法政党みたいな扱い方」

と批判した。

自民党にはもれなく公明党がついてくるが、アホなのは二〇一四年三月一二日の国会における安倍の発言。

「自分の決めて掛かる考え方と違う人の存在を許さない、そういう考え方は、私はびっくりしたわけでございます。さまざまな考え方の人たちがこの世の中には存在するわけでありまして、当然私と違う考え方の方もおられる。しかし、私は、そんな人が存在するとは思わないなんていうことはつゆほども思いません」

「つまり、そのような、そういう自分と考え方の違う人の存在を許さない、そうした狭量な考え方自体が私は極めて問題であろうと、極めて危険なものを感じていると言わざるを得ないわけでございます」

過去の発言が、自分の存在を全否定しているわけですね。

自分の決めて掛かる考え方と違う
人の存在を許さない。

二〇二〇年東京オリンピックについて　二〇一三年九月七日　ブエノスアイレスでのIOC総会

ほかの、どんな競技場とも似ていない真新しいスタジアムから、確かな財源措置に至るまで、二〇二〇年東京大会は、その確実な実行が、確証されたものになります。

二〇一三年九月七日、アルゼンチンの首都ブエノスアイレスで開催された国際オリンピック委員会（IOC）総会で安倍は「ほかの、どんな競技場とも似ていない真新しいスタジアムから、確かな財源措置に至るまで、二〇二〇年東京大会は、その確実な実行が、確証されたものになります」と発言。

何回、確実、確証と言うのかという話だが、「確実な財源措置」って、当初の予算（七三〇〇億円程度）の何倍になったのか。

二兆円から三兆円？

新国立競技場建設案の白紙撤回に関しては、六八億六〇〇〇万円が未回収に。

いつものことだが、安倍の言う「確証」にはなんの根拠もない。

安倍はこう続ける。

「オリンピックの遺産とは、建築物ばかりをいうのではない。国家を挙げて推進した、あれこれのプロジェクトのことだけをいうのでもなくて、それは、グローバルなビジョンを持つことだ」

勘弁してほしいよね。

ゲーム・オーバー。

熊本地震について　二〇一六年四月一八日 国会答弁

大震災級の事態にならない限り予定どおり引き上げていく。

二〇一六年四月一八日、熊本地震を受けて消費税率一〇%への引き上げの先送りを求められた安倍は、「リーマン・ショック級、大震災級の事態にならない限り予定どおり引き上げていくという基本的な考え方に変わりはない」と拒絶した。

安倍の発言は二転三転し、結局、引き上げは先送りになったが、要するに「熊本地震はたいした災害ではない」と言っているわけでしょう。

熊本では、四月一四日と一六日に、気象庁震度階級で最大の震度7を観測。震度6の地震も数回発生した。東日本大震災(震度7)と同じ、大震災級である。

熊本県では家屋の倒壊や土砂災害により、五〇人が亡くなっている(二〇一六年九月二〇日現在、関連死も含めて一二〇人)。

負傷者は二三三七人。ライフラインや交通網の寸断も続き、一八万人が避難を余儀なくされる中、こういうことを平気で言う。

ちなみに、維新の会の片山虎之助は、熊本地震について「終盤国会になってから地震が起こった。政局の動向に影響を加えるのは確かだ。大変タイミングのいい地震だ」と発言。安倍と同様の人間のクズである。

対応は後手後手に回ったが、パフォーマンスは怠らない。

第六章

安倍晋三の経済政策

安倍でもわかる改革のお話

かつての自民党には少数ながらも保守的な政治家が在籍していました。自民党は発足当初から、近代的理念を掲げる革新政党でしたが、「真っ当な日本人」を切り捨てない層の厚さがあった。

いわゆる五五年体制下では、党内における派閥間の抗争という形で議会政治が成り立っていましたが、大衆社会化および政治制度の改悪により、自民党から保守的要素は切り捨てられていき、ブレーンな都市政党になってしまった。

自民党の支持基盤が変わったのだから、安倍が農協などの中間組織に攻撃を仕掛けたり、配偶者控除廃止の検討により家族制度の解体を図ろうとするのも当然です。

二〇一五年二月一二日、安倍は施政方針演説で「農政の大改革は待ったなし」「新しい日本農業の姿を描いていく」などと述べ、農協を一般社団法人に移行させる方針を打ち出しました。

また、「改革」という言葉を三六回も使用。

そこまで「改革」しなければならないほど、日本はダメな国なのでしょうか？

むしろ、歴史や伝統の中に「守るべきもの」の価値を見いだすのが普通の人間でしょう。

バカは改革のリスクがわからない。

小泉純一郎は二〇〇五年の郵政選挙において、「改革なくして成長なし」「聖域なき構造改革」といったワンフレーズ・ポリティクスをぶつけ、「改革派か抵抗勢力か」と極度に問題を単純化することで、普段モノを考えていない人々の票を集めました。

小泉は靖国神社を利用し、大衆のナショナリズムを煽ることで勢力を伸ばしたが、やったのは国の破壊、日本固有のシステムをアメリカに合わせることにすぎなかった。

安倍を支持している連中も、基本的には改革バカです。

彼らは、かつての戦後民主主義者とメンタリティーは変わらない。

歴史によって培われてきた「良識」「日常生活のしきたり」「中間の知」「教養」を軽視するので、近代イデオロギーに容易に接合されてしまう。

なにを変えるのかは別として、改革、変革、革新、革命、維新といったキーワードに根無し草のように流されていく。こうした人々が、現在、国家・社会の解体を急速に進めています。

デフレ対策について　二〇一六年一月四日 年頭記者会見

デフレではないという状況をつくりだすことができたが、デフレ脱却というところまで来ていないのも事実。

二〇一六年一月四日、安倍は年頭記者会見で、物価について「デフレではないという状況をつくり出すことができた」と述べた上で、「デフレ脱却というところまで来ていないのも事実」と発言。「政府日銀一体となり、全力でデフレ脱却に取り組んでいく」と語った。

これ、説明必要ですか？

意味不明。完全にイカレポンチ。

そもそもデフレを理解しているかきわめて疑わしい。

構造改革について① 二〇一二年七月一一日 創生日本七月総会

竹中先生の愛国者ぶりは理解していただけたのではないのかなぁと。

安倍信者、いわゆる「アベウヨ」は、安倍がおかしな政策を打ち出すたびにアクロバチックな擁護を行ってきた。

「経済政策が変なのは、財務官僚のせい」「悪いのは竹中平蔵」「安倍さんは構造改革論者に騙されているだけ」と。

しかし、安倍は一貫して構造改革論者である。だって本人がそう言っているんですから。

二〇〇六年九月二六日、第一次政権の総理就任

竹中平蔵。パソナグループ取締役会長、経済学者、元政治家。

演説で、安倍は「はっきりと申し上げておきたい」と前置きした上で、小泉構造改革路線を「しっかり引き継ぎ」、「むしろ加速させる」と発言している。

二〇一二年七月一一日、超党派の議員連盟「創生日本」の総会で安倍は「創生日本においては竹中先生の竹中路線に対する、ある意味誤解も含めた批判があったのも事実でございますが、今日その誤解の一部は解かれたのではないかと」「竹中先生の愛国者ぶりは理解していただけたのではないか」と発言。

これは安倍の本心である。

二〇一五年一〇月六日、ＴＰＰ大筋合意を受けた記者会見で安倍は「将来的にこの（経済）システムに中国も参加すればわが国の安全保障にとっても、アジア太平洋地域の安定にも大きく寄与する」とし「戦略的にも非常に大きな意義がある」と発言。

面白すぎますね。

「ＴＰＰは中国包囲網」とか言っていた安倍信者みたいなのもいましたが。

経済政策について②　二〇一三年一二月一九日　日本アカデメイアにて

大企業の業績の果実が、国内の中小・小規模企業、そしてその従業員の皆さんに行き渡らないようであれば、アベノミクスは失敗であると、私は考えています。

大幅な法人税減税などにより、一部の大企業は儲かっています。

株価も上がっている。

しかし、実質賃金は下がり続けている。

もちろん、中小・小規模企業、および従業員に果実は行き渡っていない。

よって、アベノミクスは失敗である。

面白かったのが、二〇一六年一月一日放送のテレビ朝日の『朝まで生テレビ！』。

アベノミクスについて論じられる中、竹中平蔵はトリクルダウン（富裕層が富めば経済活動が活発になり、その富が貧しい者にも浸透するという経済理論）に言及。

「滴り落ちてくるなんてないですよ。あり得ないですよ」

え？

これまで竹中が言ってきたことはなんだったのか？

二〇一三年に出版された『ちょっと待って！竹中先生、アベノミクスは本当に間違ってませんね？』で竹中は「企業が収益を上げ、日本の経済が上向きになったら、必ず、庶民にも恩恵が来ますよ」と述べている（『日刊ゲンダイDIGITAL』二〇一六年一月四日）。

名目賃金と実質賃金の推移　※指数は平成22年＝100とした数値である。

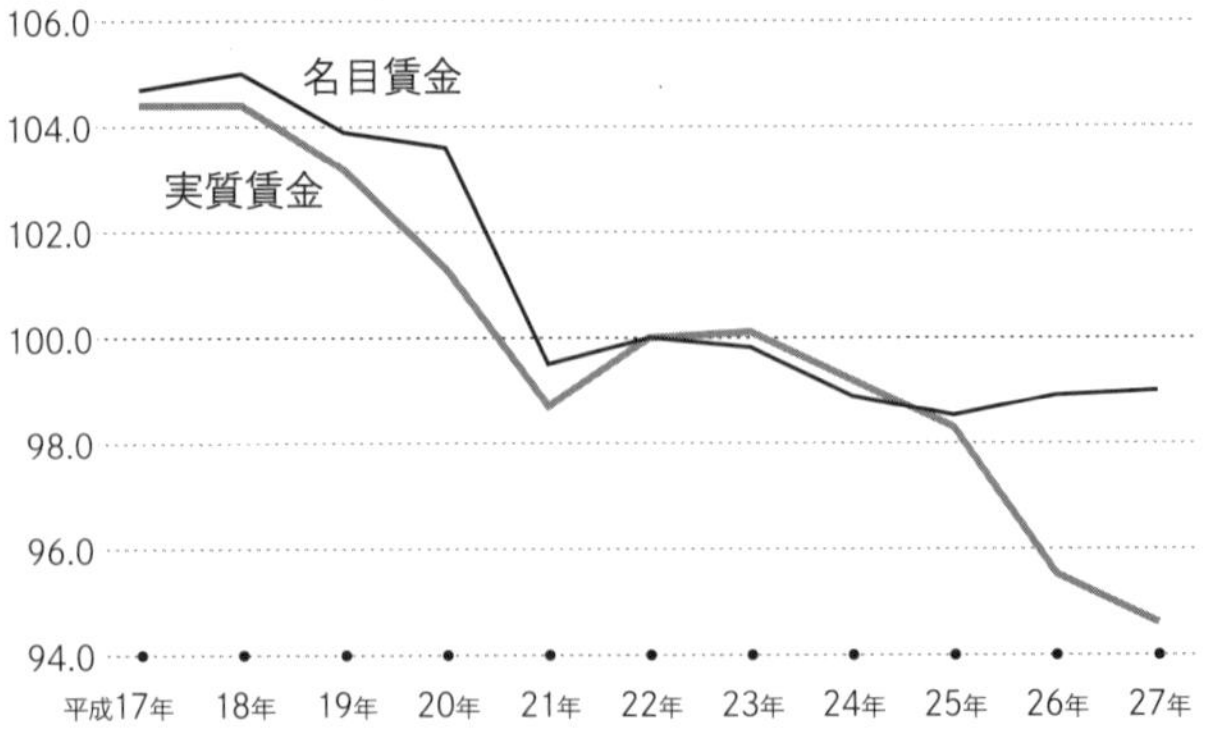

（出典：厚生労働省・毎月勤労統計調査平成27年全国調査）

実質賃金とは、労働において得た賃金（名目賃金）が実際の社会でどれだけの物品購入に使えるかを示す値。

理想の国家像について　二〇一三年七月二六日　シンガポールの講演

シンガポールに追いつき、できれば追い越したい。真剣に、そう思っています。

二〇一三年七月二六日、シンガポールで安倍は講演。

「必要なのは、規制の大胆な改革です。ＴＰＰ交渉のような、外部からの触媒です。国境を越え、経済圏をまたいだ、ダイナミックな、『競争』と『協調』による、新しい付加価値の創造です。そしてそれには、既得権益に立ち向かう、強い政治力を必要とします」などと発言。

「シンガポールに追いつき、できれば追い越したい。真剣に、そう思っています」と続けた。

私はシンガポールに二〇回くらい行っている。ここ最近は異常な土地バブルが発生し、古いビルは次々と壊され、新しいビルになっていく。ピカピカだけれど面白くない。

どこも同じようなレストランが入り、スターバックスやマクドナルドが入り、お馴染みのブランドが入る。金太郎飴のような街。

なぜ、長い歴史を持つ日本がシンガポールのような人工国家、独裁国家を目指す必要があるのか？

安倍の発言は、シンガポールに対するリップサービスではない。日本に外資を呼び込み、主婦を労働力として駆り立て、シンガポールのような移民国家、複合民族国家にするという明確な意思表示である。

なお、アメリカの調査会社ギャラップが二〇一二年に発表した日常生活の「幸福度」調査で、シンガポールは一四八カ国中、最下位だった。

踊る阿呆に見る阿呆。

構造改革について② 「フィナンシャル・タイムズ」二〇一四年六月三〇日

私の第三の矢は日本経済の悪魔を倒す。

二〇一四年六月三〇日、安倍は英紙「フィナンシャル・タイムズ」に、「私の第三の矢は日本経済の悪魔を倒す」と題した論文を寄稿。法人税率の引き下げ、外資を呼び込むための規制撤廃、エネルギーや農業、医療分野の外資への開放など、構造改革を断行すると訴えた。

また、少子高齢化社会において経済成長を続けるために、女性の社会進出、家事を担う外国人労働者の雇用を可能にすると約束。

二〇一四年一月二二日、安倍はスイスのダボスで次のように発言している。

「昨年終盤、大改革を、いくつか決定しました。できるはず

「私の第三の矢は日本経済を倒す」が正しい。

がない——そういう固定観念を、打ち破りました。電力市場を、完全に自由化します」「二〇二〇年、東京でオリンピック選手たちが競い合う頃には、日本の電力市場は、発送電を分離し、発電、小売りとも、完全に競争的な市場になっています」「医療を、産業として育てます」「コメの減反を廃止します」「既得権益の岩盤を打ち破る、ドリルの刃になるのだと、私は言ってきました。春先には、国家戦略特区が動き出します。向こう二年間、そこでは、いかなる既得権益といえども、私の『ドリル』から、無傷ではいられません」

これは普通の日本人の発想ではない。

記事では具体的になにが「悪魔」なのか示されていないが、要するに、構造改革に反対したり、法人税率の引き下げに反対したり、外資を呼び込むための規制撤廃に反対したり、エネルギーや農業、医療分野を外資に開放することに反対したりする人々のことを、安倍は「悪魔」と言いたいわけでしょう。

どこかの宗教団体のスローガンも「悪魔を倒す」だったが、同胞を悪魔扱いするのは、異常としか言いようがない。

TPPについて① 二〇一五年一〇月六日 記者会見

自民党がTPP交渉参加に先立って掲げた国民との約束は、しっかりと守ることができた。

二〇一五年一〇月六日、TPP交渉の大筋合意を受けて安倍は会見を開いた。

「TPPは正に『国家百年の計』であります」

「自由民主党がTPP交渉参加に先立って掲げた国民の皆さまとのお約束はしっかりと守ることができた。そのことは明確に申し上げたいと思います」

「関税撤廃の例外をしっかりと確保することができました」

例によってこれも大法螺だった。

農水省が発表した関税交渉の結果により、聖域重要五品目のうち三割の関税が撤廃されていたことが発覚。

そもそも自民党は二〇一二年の衆院選で「TPPの交渉参加に断固反対」と言っていた。

要するに、安倍は日本人にケンカを売ってんですよ。

JAをはじめとする農業団体は、安倍に騙されたとして、各地で集会を開催。福島を除く東北五県の農協系団体が二〇一六年七月の参院選における「自主投票」を決定した。

ちなみに安倍は子供の頃から嘘つきだったという。

安倍が小学生の頃、宿題の面倒を見ていた乳母が言う。

「『宿題みんな済んだね?』と聞くと、晋ちゃんは『うん、済んだ』と言う。寝たあとに確かめると、ノートは真っ白。それでも次の日は『行ってきまーす』と元気よく家を出ます。それが安倍晋三でした」(『安倍晋三 沈黙の仮面』)

2016年6月9日、山形県を訪問。
肉用牛肥育牧場を視察した。

TPPについて② 二〇一三年三月一六日 自由民主党大会

美しい農村風景を守っていくこと、皆が安心できる皆保険制度をしっかりと守っていくことが私の責任であります。どうか私を信じていただきたい。

二〇一三年三月一六日、安倍は自民党関係者を前に挨拶し、TPPの交渉参加について、「どうか私を信じていただきたい」と述べ、重要農産物など例外品目の保護に向けた決意を述べた。

その上で、「あのときの決断は間違いじゃなかったと思ってもらえるよう交渉していくことを約束する」と発言。すでに述べたように、結局、約束は守られなかった。

鳩山由紀夫は、米軍普天間飛行場の辺野古移設問題決着に向けて「トラスト・ミー」と発言したが、政界引退後、オバマに「トラスト・ミー」と言ったのはパンケーキを勧めるためだったと言い出した。

嘘つきを信じてはいけない。

「ワシントン・ポスト」のコラムで「ルーピー」と揶揄された鳩山だが、不可解なのは鳩山よりタチの悪いグローバリストで、鳩山よりも嘘つきの二代目ルーピーを、自称保守メディアが持ち上げていること。

安倍に完全に日本を壊された後、連中はどう申し開きするんだろうね。

鳩山由紀夫。元総理大臣、旧民主党代表。

TPPについて③　二〇一六年四月七日　国会答弁

私自身は、TPP断固反対と言ったことは一回も、ただの一回もございませんから。まるで私が言ったかのごとき発言は慎んでいただきたい。

TPPは条約であり、国内法より上位になるので、批准されると、多くの法律が書き換えられることになる。

二〇一二年の衆院選の自民党マニフェストには「『聖域なき関税撤廃』を前提にする限り、TPP交渉参加に反対します」と明記されている。また、ポスターには「TPPへの交渉参加に反対！」「ウ

ウソしかつかない。嘘つきはブレない。

ソつかない。TPP断固反対。ブレない」とある。

著書『新しい国へ』で安倍は言う。

「御承知の通り、自民党は『「聖域なき関税撤廃」を前提にする限り、TPP交渉参加に反対』という立場をとっております。なぜなら、あらかじめ『関税ゼロ』であることを呑んでしまっては、守るべきものは守れません」

しかし、安倍は交渉参加を決定。

「聖域」は守られなかった。

しまいには国会で「私自身は、TPP断固反対と言ったことは一回も、ただの一回もございませんから。まるで私が言ったかの如くのですね、発言は慎んでいただきたい」などと言い出す始末（二〇一六年四月七日）。

嘘つきを信じてはいけない。

資本主義について　二〇一三年九月二五日　ニューヨーク証券取引所

ウォール街の皆さまは、常に世界の半歩先を行く。ですから、今がチャンスです。

安倍の著書『新しい国へ』にはこうある。

「ウォール街から世間を席巻した、強欲を原動力とするような資本主義ではなく、道義を重んじ、真の豊かさを知る、瑞穂の国には瑞穂の国にふさわしい市場主義の形があります」

国内に向けては、ウォール街の強欲資本主義を批判しておきながら、ウォール街の証券取引所に行けば正反対の言葉を並べ立てる（二〇一三年九月二五日）。

「今日は、皆さんに、『日本がもう一度儲かる国になる』（中略）ということをお話しするためにやって来ました」

「新たなチャレンジには、さまざまな規制が立ちはだかります。例えば、燃料電池の開発実証には、多くの規制をクリアしなければならない。これでは、創意工夫はできません。私は、フロンティア技術を実証したい企業には、独自に安全を確保する措置を講ずれば、規制をゼロにする新しい仕組みをつくろうと考えています」

「日本の消費回復は、確実にアメリカの輸出増大に寄与する。そのことを申し上げておきたいと思います」

「ウォール街の皆さまは、常に世界の半歩先を行く。ですから、今がチャンスです」

絵に描いたような売国奴ですね。

安倍曰く「新しいアイデア、イノベーションが、女性の脳細胞から現れる」。

Column

安倍政権は民進党よりマシなのか？

忘恩と思い上がり

「饑饉《ききん》が原因の暴動では、一般大衆はパンを求めるのが普通だが、なんとそのためにパン屋を破壊するというのが彼らの普通のやり方なのである。この例は、今日の大衆が、彼らをはぐくんでくれる文明に対してとる、いっそう広範で複雑な態度の象徴的な例といえよう」（オルテガ・イ・ガセット『大衆の反逆』）

私は今の時代を表すキーワードとして「忘恩」「思い上がり」を挙げることができると思う。変革、改革、刷新と騒ぎ続けて四半世紀。変革を求める心情は、多くの場合、過去に対する無知と忘恩に起因する。

オルテガ（一八八三〜一九五五年）は、人類が築き上げた組織の受益者たる大衆が「それ

オルテガ・イ・ガセット。スペインの哲学者。

を組織とは考えず自然物とみなしている」と指摘し、「彼らの最大の関心事は自分の安楽な生活でありながら、その実、その安楽な生活の根拠には連帯責任を感じていないのである」と喝破した。

彼らは、文明の中に「奇跡的な発明と構築」を見てとらない。恩義を感じるどころか、破壊の中にしか生の根拠を見いだすことができないのである。

二〇一四年一月二二日、世界経済フォーラム（ダボス会議）で、安倍は「（自分は）既得権益の岩盤を打ち破る、ドリルの刃になる」「そのとき社会はあたかもリセット・ボタンを押したようになって、日本の景色は一変するでしょう」と発言した。どうやらその日が近づいてきたようである。

民主党が政権の座をつかんだ日、私は自分のウェブサイトにこう書いた。

「本日、二〇〇九年九月一〇日、民主党が大勝しました。民主党に投票した人間は『自民党に対するお灸』のつもりでしょうが、この先間違いなく『国民に対するお灸』になるはずです」

そして民主党政権が倒れた日にはこう書いた。

「この三年間に対する本質的な反省がない限り、自民党に政権が交代しようが、同じことの繰り返しになるはずです」

「オレには先見の明がある」などと言いたいのではない。プロパガンダによる大衆運動が発生している以上、こうなることはサルでもわかる。

当時、私は民主党政権のグローバリズム路線、移民政策、独裁的な手法、政府と与党の一元化、内閣法制局長官の答弁の禁止などを批判していた。いわゆる「保守論壇」も民主党を批判していた。ところが、同様の「改革」をより急激に進める安倍政権に対して、連中は恥じらいもなく称賛を送ったのである。同じようなことをやっても、偏向メディアが安倍のおでこに「愛国」「保守」のシールを貼り、鳩山由紀夫や菅直人のおでこに「反日」のシールを貼れば、バカはコロリと騙される。

ちなみに鳩山政権発足時の支持率は七一・一％、最後は一九・一％である。菅政権発足時は六一・五％で最後は一八％。野田政権発足時は六〇％で最後は二〇％だ。「ふわっとした空気」に流されては、後から「騙された」と騒ぐような人々が、差し引き四〇％から五〇％いるわけで、政権が交代したところで、彼らが地上から消え去るわけがない。パッケージを変え、シールを貼り替えれば、性懲りもなく同じようなもの、あるいはもっとタチが悪いものに飛びつくのだ。

自称保守やネトウヨは言う。

「それでも自民党は民主党よりマシだ」「安倍さんの他に誰がいるのか」「対案を示せ」

「自民党の失政というが、民主党も同じようなことをやっていた」「だったらお前が政治家になれ」……。自分の判断が間違っていたことを認めたくないので整合性を図ろうとする。心理学でいう認知バイアスである。

痩せたらモテる?

今、エロ本の販売部数が激減しているらしい。知り合いの雑誌編集者に聞いたところ、業界自体が低迷しているし、年寄りもインターネットをやる時代なので、ほとんど虫の息だという。

エロ本の定番といえば、包茎手術の広告だろう。「包茎のままでは女のコにモテないゾ」などと情弱を脅す商売だ。さらに「病気になる」「早漏になる」などと追い討ちをかけられ、不安と恐怖に打ちのめされた若者はバイトで貯めたカネを握って「やさしい」院長のいるクリニックの扉を開く。

しかし、チンポを見てから彼氏を決める女のコなどいるはずもない。

女性誌の定番のダイエットの広告も同様。「夏に間に合う」「わずか一〇日間」などと謳い、「彼氏ができた」といった購入者の喜びの声をでっち上げる。普通に考えれば、ブスが痩せたところでモテるわけがない。モテない原因は別のところにある。「改革しなくちゃ日本は生き残れないゾ」「憲法を変えないと自信を持てないゾ」「集団的自衛権がなければ日本を守れないゾ」と脅せば、仮性包茎の情弱がコロリと騙される。

私は独立国が軍隊を持つのは当然だし、憲法の矛盾は改正により解決しなければならないと考えている。ただし、小学生の落書きレベルの自民党の改憲案に乗るくらいなら、今の憲法のほうがはるかにマシ。憲法に道徳の問題を持ち込んだり、変えてはならないところを重点的に変えたり。

安倍の憲法観がデタラメであることはすでに述べたが、問題は不安と恐怖に打ちのめされた情弱が、九条改正というエサを与えられれば、まわりに汚物がついていても食べてしまうことだ。

「革命気分」

二〇一六年七月の参院選では、選挙権年齢を「二〇歳以上」から「一八歳以上」に引き下げる改正公選法が国政選挙としては初めて適用されたが、ある若者が「もっと多くの若者が国政に出て、市民の声を届けてほしい」とインタビューに答えていた。それで、いま日本にとって一番大切な政策は何だと思うかと質問されると「議員定数の削減」であると。議員数を減らせば、当然、「市民の声」は政治に届きにくくなる。要するに、自分が何を言っているのかすらわからないのだ。

某テレビ番組が、渋谷にいた一〇代の有権者にアンケートをとったところ、「ポスト舛添」にふさわしい人物として第一位になったのが橋下徹だった。選挙権年齢の引き下げの危険性を示すような事例であるが、かといって大人がまともなわけでもない。東京選挙区で当選した元バレーボール選手の朝日健太郎は、自民党の改憲問題について質問され、「新人なんで党の方針に従うだけです」と返答。

自民党比例代表で当選した元アイドル歌手の今井絵理子は、米軍基地問題について質問され、「わからない」「これから勉強します」と返答。選挙中には「選挙に忙しいので政策の話をしている暇はありません」と答えている。

維新の会の候補者に、参院議員になったら一院制の導入を目指すという女のコがいた。幸いにも彼女は落選したが、参院の役割を知らない人間が参院議員になろうとしていたのである。チンパンジーにジャンボジェット機の操縦を委ねるようなものだが、大衆社会において国民の生命・財産を預かっているのはこうした人材なのである。

オルテガは言う。

「大衆は精神といっさい関係をもとうとしないし、新世代は、この世界が、あたかも過去の痕跡をもたず、昔からの複雑な問題をもたない楽園であるかのように考え、自分たちの手に世界の支配権をとろうとしたのである」(同前)

「身を切る改革」などと言いながら、良識も見識も知性も恥も外聞も、すべてを切り捨てた結果、残ったのは「思い上がり」と「革命気分」だけだった。

既得権益を持った連中が、「既得権益を壊せ！」と叫べば、ルサンチマン(恨みつらみ)に支配された大衆は、脊髄反射的に国や社会の破壊に駆り立てられていく。ポテトチップスを食べながら、ぼんやりワイドショーを見ているうちに、巨悪に加担してしまうのが近代社会なのだ。

愚鈍は犯罪である。

おわりに　大衆社会の徒花

安倍は言う。

「世界の歴史を振り返っても、一国のリーダーが判断を誤ったために国が滅びたことは何度もある」（『日本よ、世界の真ん中で咲き誇れ』）

そのとおりである。リーダーの責任は重い。

民主党から自民党に変わり、少しはマシな世の中になるかと思っていたら、民主党よりタチの悪い売国活動を始めたのが安倍政権だった。憲法の恣意的な解釈、デフレ下の増税、ＴＰＰ、移民政策、農協や家族制度の解体……。河野談話、村山談話を踏襲し、決着済みの日韓合意を蒸し返し、アメリカの要望どおりに国の形を変えていく。要するに、「戦後レジーム」の固定化だ。

民主党政権時代と安倍政権時代の最大の違いは、メディアがきちんと機能していたかどうかである。

都合のいいメディアとは食事会。

都合の悪いメディアには嫌がらせ。

飴と鞭というより、安倍と無知。

普通だったら一〇回くらい政権がひっくり返っていないとおかしいが、今はメディアが腐っているので危ない。

現在、安倍政権を支持しているのは、利権がある連中か、単なる反左翼の思考停止した連中（保守系論壇誌に多い）か、新自由主義を保守と勘違いしているバカか、改革幻想に踊らされた花畑だろう。戦後の幻想の平和に酔っていた「戦後民主主義者」と安倍支持者は同類である。幻想のリアルポリティクス（実態は売国）に酔っているだけで、平和ボケであることに変わりはない。

いつの時代でもそうだが、バカは敵を間違えて取り返しがつかないことになる。今、保守および真っ当な日本人が戦わなければならないのは、民進党でも共産党でも朝日新聞でも日教組でもない。国の根幹を破壊し続ける安倍政権である。

現在、わが国を蝕んでいるのは悪性のニヒリズムだ。

「安倍さんは大きな目的のために戦っているんだ」

「大義のためには妥協も仕方がない」

「政治家がウソをつくのは当たり前」

本書でも述べてきたように、病はまず「言葉の扱い」に表れる。


外傷は一瞬で気づくが、胃ガンなどの内部の病気は末期まで気づかないことがある。外敵の脅威は猿でもわかるが、内患の問題は見逃されがちだ。

二〇一六年八月八日に天皇陛下が「お気持ち」を表明された件に関し、官邸は不満を持ち、宮内庁長官の首をすげ替え、次長の人事も掌握した。不敬の一言である。

二〇一六年九月二六日、国会で安倍は「（自衛隊員らに）心から敬意を表そうではありませんか」と呼び掛け、自民党議員は示し合わせたかのように、ほぼ総立ちで拍手を送ったという。議論の場でこうした行為が発生するのは極めて異例。どこかで見た光景だと思ったら、北朝鮮だった。

二〇一六年一〇月二六日、自民党の「党・政治制度改革実行本部」は、党則で連続「二期六年まで」と制限する総裁任期について「三期九年」に引き伸ばすことを決めた。

われわれ日本人は正気を取り戻すべきである。

本書では、安倍という一個人を社会の拡大鏡として利用した。

残念ながら、これが今の日本の現実だ。

なお、本書の一部に『新潮45』『週刊新潮』『文藝春秋』で発表した文章を加筆修正した上で組み込んでおります。また、敬称は省略させていただきました。

適菜 収

参考文献

『新しい国へ 美しい国へ 完全版』安倍晋三（文春新書）
『日本よ、世界の真ん中で咲き誇れ』安倍晋三、百田尚樹（ワック）
『安倍晋三 沈黙の仮面 その血脈と生い立ちの秘密』野上忠興（小学館）
『安倍晋三「迷言」録 政権・メディア・世論の攻防』徳山喜雄（平凡社新書）
『検証安倍イズム 胎動する新国家主義』柿崎明二（岩波新書）
『この国を揺るがす男 安倍晋三とは何者か』朝日新聞取材班（筑摩書房）
『安倍「壊憲」政権に異議あり』小林節ほか（河出書房新社）
『ニーチェ全集』（ちくま学芸文庫）
『ゲーテ全集』（人文書院）
『ゲーテとの対話』エッカーマン／山下肇訳（岩波文庫）
『世界の名著「法の精神」』モンテスキュー／井上堯裕訳（中央公論社）
『大衆の反逆』オルテガ・イ・ガセット／神吉敬三訳（ちくま学芸文庫）
『民主主義――古代と現代』M・I・フィンリー／柴田平三郎訳（講談社学術文庫）
『一九八四年』ジョージ・オーウェル／高橋和久訳（ハヤカワepi文庫）
『世論』W・リップマン／掛川トミ子訳（岩波文庫）
『政治学』アリストテレス／山本光雄訳（岩波文庫）
『フランス革命についての省察ほか』バーク／水田洋、水田珠枝訳（中公クラシックス）
『政治における合理主義』マイケル・オークショット／嶋津格ほか訳（勁草書房）
『日本をダメにしたB層の研究』適菜収（講談社+α文庫）
『日本を救うC層の研究』適菜収（講談社）
『ミシマの警告 保守を偽装するB層の害毒』適菜収（講談社+α新書）

写真提供　アフロ／時事通信フォト／ゲッティ イメージ／朝日新聞社／毎日新聞社

著者略歴

適菜収（てきな・おさむ）

1975年山梨県生まれ。作家。哲学者。ニーチェの代表作『アンチ・クリスト』を現代語訳にした『キリスト教は邪教です！』、『ゲーテの警告 日本を滅ぼす「B層」の正体』、『ニーチェの警鐘 日本を蝕む「B層」の害毒』、『ミシマの警告 保守を偽装するB層の害毒』（以上、講談社＋α新書）、『日本をダメにしたB層の研究』（講談社＋α文庫）、『日本を救うC層の研究』、呉智英との共著『愚民文明の暴走』（以上、講談社）、『死ぬ前に後悔しない読書術』（KKベストセラーズ）、『なぜ世界は不幸になったのか』（角川春樹事務所）など著書多数。

安倍《あべ》でもわかる政治思想入門《せいじしそうにゅうもん》

2016年11月25日　初版第１刷発行

著者　適菜《てきな》 収《おさむ》

発行者　栗原武夫

発行所　KKベストセラーズ
〒170-8457 東京都豊島区南大塚2-29-7
電話 03-5976-9121
http://www.kk-bestsellers.com/

印刷所　錦明印刷

製本所　ナショナル製本

DTP　三協美術

装丁　フロッグキングスタジオ

  ISBN 978-4-584-13759-8 C0031